essentials

essentials liefern aktuelles Wissen in konzentrierter Form. Die Essenz dessen, worauf es als „State-of-the-Art" in der gegenwärtigen Fachdiskussion oder in der Praxis ankommt. *essentials* informieren schnell, unkompliziert und verständlich

- als Einführung in ein aktuelles Thema aus Ihrem Fachgebiet
- als Einstieg in ein für Sie noch unbekanntes Themenfeld
- als Einblick, um zum Thema mitreden zu können

Die Bücher in elektronischer und gedruckter Form bringen das Expertenwissen von Springer-Fachautoren kompakt zur Darstellung. Sie sind besonders für die Nutzung als eBook auf Tablet-PCs, eBook-Readern und Smartphones geeignet. *essentials:* Wissensbausteine aus den Wirtschafts-, Sozial- und Geisteswissenschaften, aus Technik und Naturwissenschaften sowie aus Medizin, Psychologie und Gesundheitsberufen. Von renommierten Autoren aller Springer-Verlagsmarken.

Weitere Bände in der Reihe http://www.springer.com/series/13088

Theo Wehner · Stefan T. Güntert
Harald A. Mieg

Freiwilligenarbeit

Essenzielles aus Sicht der Arbeits- und
Organisationspsychologie

Theo Wehner
D-MTEC, ETH Zürich
Zürich, Schweiz

Harald A. Mieg
Humboldt-Universität zu Berlin
Berlin, Deutschland

Stefan T. Güntert
Fachhochschule Nordwestschweiz
Basel, Schweiz

ISSN 2197-6708   ISSN 2197-6716   (electronic)
essentials
ISBN 978-3-658-22173-7   ISBN 978-3-658-22174-4   (eBook)
https://doi.org/10.1007/978-3-658-22174-4

Die Deutsche Nationalbibliothek verzeichnet diese Publikation in der Deutschen Nationalbiblio-
grafie; detaillierte bibliografische Daten sind im Internet über http://dnb.d-nb.de abrufbar.

Gedruckt auf säurefreiem und chlorfrei gebleichtem Papier

Springer ist ein Imprint der eingetragenen Gesellschaft Springer Fachmedien Wiesbaden GmbH
und ist ein Teil von Springer Nature
Die Anschrift der Gesellschaft ist: Abraham-Lincoln-Str. 46, 65189 Wiesbaden, Germany

Was Sie in diesem *essential* finden können

- Freiwilligenarbeit (FWA) wird vornehmlich nicht von denen geleistet, die viel Zeit haben. Freiwillige Arbeit leisten vielmehr jene, die einerseits im Arbeitsleben stehen oder anderseits bereits Verantwortung tragen.
- Freiwillige Arbeit ist „Tätigkeit", d. h., sie ist von persönlichem Sinn getragen und vermag Sinn – etwa als „gute Arbeit" oder „gelungenes Leben" – herzustellen.
- Da die Selbstbestimmungstheorie Motivation nicht als messbare, quantitative Größe begreift, sondern verschiedene Qualitäten und deren psychologische Bedeutung von Motivation unterscheidet, eignet sie sich hervorragend zur Analyse und Gestaltung von FWA.
- Der entscheidende Erfolgsfaktor für nachhaltiges Engagement die Passung ist zwischen den individuellen Motivfunktionen und der Erfüllung dieser Erwartung durch organisationale Gelegenheiten, welche die FWA bietet.
- Die zusätzliche Rolle des Individuums durch FWA vermag Vereinbarkeitsprobleme zwischen den verschiedenen Rollen der Individuen eher zu reduzieren als zu verstärken.

Das Leben ist ein System sich ablösender Tätigkeiten

(A. N. Leontjew)

Vorwort

Ohne die unbezahlten Tätigkeiten von Freiwilligen kann kein derzeitiges Gemeinwesen bestehen. Die Pflege von Alten und Behinderten, das Engagement für Umwelt- und Naturschutz, der Einsatz als Wahlhelfer oder Schöffe, die Ehrenämter in Kommunen, Sport und Kirchen; all diese Aufgaben und Funktionen sind faktisch auf freiwillig Tätige angewiesen. Wie können wir freiwillige Arbeit verstehen? Wie wesentlich ist es für diese Art von Arbeit, dass sie unbezahlt bleibt und von sog. Laien mit besonderer Motivlage ausgeführt wird? Und was folgt daraus für das Zusammenspiel von Freiwilligenarbeit und der professionalisierten, bezahlten Erwerbsarbeit? Diese Fragen wollen wir mit den *essentials* zur Freiwilligenarbeit beantworten.

Alle Texte dieses *essentials* und damit auch die Gedankengänge, einzelne Formulierungen, die recherchierten Quellen und erst recht die empirischen Daten und die hier berichteten Befunde stammen aus dem Herausgeberband von Wehner und Güntert (2015). Mit anderen Worten: Hintergrundautoren sind – auch wenn ihr damaliger Buchbeitrag hier nicht ausgewählt wurde – unsere langjährigen Kolleginnen und Kollegen: Rebecca Brauchli, Michael Dick, Gian-Claudio Gentile, Julia Humm, Patrick Jiranek, Elisabeth Kals, Hanna-Maria Ketterer, Gina Mösken, Max Neufeind, Jeannette Oostlander, Romualdo Ramos, Isabel Strubel, Susan van Schie & Matthias Wächter. Ein nochmaliger Dank für die gemeinsame Zeit unserer Zusammenarbeit, die in dem vorliegenden Werk abermals dokumentiert ist.

Theo Wehner
Stefan T. Güntert
Harald A. Mieg

Inhaltsverzeichnis

Einleitung: Eine Begriffsklärung

Man muss kein Philologe sein, um zu wissen, dass Begriffe, im Alltag und in der Wissenschaft, von großer Bedeutung sind. Letztlich sind sie – frei nach Bert Brecht – die Griffe, mit denen man die bezeichneten Dinge nicht nur besser begreift, sondern auch zu bewegen und zu verändern vermag. Die Begriffsarbeit in der Freiwilligencommunity ist vielfältig, hat aber noch zu keiner gemeinsamen, die Einzeldisziplinen übergreifenden Definition gefunden. In diesem Abschnitt stellen wir Begriffsvarianten vor (Abschn. 1.1), bieten eine Referenzdefinition an (Abschn. 1.2) und zeigen deren Abgrenzung, bspw. zum Freiwilligenmanagement (Kap. 3).

1.1 Begriffsvarianten

Freiwilligenarbeit (FWA) wird gegenwärtig unter vielen Titeln angesprochen. Einige davon seien hier erwähnt:

- **Solidarität** ist ein altes Phänomen des Einstehens für Gleichgestellte und war als Ausdruck lange Zeit eng mit der Arbeiterbewegung und mit der Entstehung des Gemeinwesens verbunden. Heute erfährt der Begriff eine Ausweitung, wonach Solidarität weniger den Gleichgestellten als vielmehr den Schlechtergestellten gilt (Zoll 2000), zur bürgerlichen Gesinnung zählt und als Bürgertugend auch in der FWA aufscheint.
- **Eigenarbeit** ist weiter gefasst und begrifflich anders gelagert als FWA: Zur Eigenarbeit (Heinze und Offe 1990) zählen auch unliebsame reproduktive Tätigkeiten wie Putzen und Wäsche waschen, aber auch Tätigkeiten zur Selbstentfaltung wie Hobbys, Beziehungsarbeit, Qualifikationserwerb; ein Teil

© Springer Fachmedien Wiesbaden GmbH, ein Teil von Springer Nature 2018
T. Wehner et al., *Freiwilligenarbeit*, essentials,
https://doi.org/10.1007/978-3-658-22174-4_1

dieser Tätigkeiten kann – muss aber nicht – als FWA geleistet oder als solche in Anspruch genommen werden.

- **Informelle Hilfe** ist Teil von informeller, d. h. unbezahlter, nicht vertraglich gefasster Arbeit, die in persönlichen Netzwerken erfolgt und auf dem Prinzip eines nicht-monetarisierten Austausches von Leistungen beruht, z. B. in der Kinderbetreuung oder in Botendiensten. In der Schweiz zählt informelle, unterstützende Tätigkeit als Teil von Freiwilliger Arbeit, in Deutschland wird „private informelle Unterstützung" als Ergänzung zur FWA aufgefasst (Vogel und Tesch-Römer 2017).

- **Bürgerschaftliches Engagement** hat eine stark politische Konnotation und wird als Entwicklungselement einer Bürgergesellschaft angesehen (Deutscher Bundestag 2002), in welcher der Bürger als Citoyen (Staatsbürger) und weniger als Bourgeois (Wirtschaftsbürger) aktiv wird (Bonß 2002).

- **Ehrenamt** (in Deutschland und in der Schweiz unterschiedlich verstanden) meint ein formalisiertes, unentgeltlich verrichtetes und zumindest für die jeweilige Wahlperiode verbindlich übernommenes Amt in Gremien, Verbänden, Vereinen.

- **Volunteering** bezeichnet die etablierteste angloamerikanische Form von FWA und umfasst alle Stufen freiwilligen, gemeinnützigen Mithelfens außerhalb der Familie und muss keineswegs mit einem Ehrenamt verbunden sein. Volunteering aber auch Community Involvement, als aktive Teilnahme am Gemeinwesen, gilt als wichtiges Element der „mixed economy of welfare" (Gaskin et al. 1996).

- **Freiwilligenarbeit** umfasst jede selbstgewählte und ohne Entlohnung in gemeinnützigen Bereichen geleistete Arbeit; ganz gleich, ob es sich bspw. um die informelle Hilfe einer Nachbarin gegenüber oder die durch eine Non-Profit-Organisation (NPO) formell angebotene Migrantenbetreuung handelt. FWA ist als Begriff nicht zuletzt auch deshalb verbreitet, weil Freiwillige selbst diesen am häufigsten zur Kennzeichnung ihres Tätigseins benutzen (Rosenbladt 2000, S. 51).

Auch wir werden, um anschlussfähig zu bleiben, von FWA sprechen, priorisieren jedoch den Begriff der **frei-gemeinnützigen Tätigkeit** (FGT), um einerseits zu signalisieren, dass nicht der an Leistungserbringung gebundene Erwerbsarbeitsbegriff, sondern der von der kulturhistorischen Schule hervorgebrachte Tätigkeitsbegriff (s. Kap. 3) gemeint ist und anderseits die freiwilligen Tätigkeiten einem gemeinnützigen Zweck bzw. dem Gemeinwohl dienen.

1.2 Referenzdefinition

Wir schlagen eine Referenzdefinition vor, die so übernommen oder auch abgewandelt bzw. erweitert werden kann – je nach Akzentsetzung der Forschungsanliegen oder praktischen Verwendung:

Frei-gemeinnützige Tätigkeit umfasst unbezahlte, selbst oder institutionell organisierte, sozial ausgerichtete Arbeit; gemeint ist ein persönliches, gemeinnütziges Engagement, das mit einem regelmäßigen, projekt- oder eventbezogenen Zeitaufwand verbunden ist, prinzipiell auch von einer anderen Person ausgeführt und potenziell auch bezahlt werden könnte.

Diese Definition verweist auf drei wesentliche Merkmale von FWA, auf welche auch die Forschung ihr Augenmerk werfen sollte:

1. Freiwilligkeit: Die Tätigkeit ist frei, autonom, unabhängig. Hieraus ergibt sich: Die Koordination von FWA mit Erwerbsarbeit (EWA) ist nicht trivial; diese Koordination kann nicht nach der Logik der EWA funktionieren.
2. Gemeinnützigkeit: FWA ist gemeinnützig, sie leistet einen gesellschaftlichen Mehrwert. Eine zentrale Frage hierbei ist: Wie lassen sich diese Art von Leistungen und ihr Mehrwert – bspw. als soziales Kapital – erfassen, ohne lediglich an Monetarisierung zu denken?
3. Tätigkeit: Freiwillige Arbeit ist eine sinnorientierte Tätigkeit, wobei zu fragen ist: Welche Motive liegen ihr zugrunde? Was können wir von FGT für Arbeit im Generellen und für die EWA im Besonderen lernen?

Die Bezeichnung als „gemeinnützig" erfolgt in Analogie zu gemeinnützigen Verbänden und Stiftungen, um den Beitrag zum Gemeinwohl hervorzuheben. Wir werden die Referenzdefinition an den Stellen nutzen, wo wir auf die besonderen Merkmale von freiwilliger Arbeit hinweisen wollen. Ansonsten werden wir die auch von „freiwilliger Arbeit" oder „Freiwilligenarbeit" sprechen.

1.3 Abgrenzungen

Zur frei-gemeinnützigen Tätigkeit (FGT) zählt nicht die ausbildungsabhängige, professionalisierte, bezahlte soziale oder kulturelle Dienstleistungsarbeit und sei sie auch noch so schlecht bezahlt oder unzulänglich mit Ressourcen ausgestattet. Ebenso wenig fällt das Hobby, die Pflege verwandtschaftlicher Beziehungen oder Beziehungsarbeit hierunter, denn diese Tätigkeiten mögen zwar sozialen Charakter haben, würden aber nicht bezahlt werden und könnten auch nicht von einer anderen, einer sog. Drittperson ausgeführt werden. Nicht zuzurechnen sind gemeinnützige Arbeiten von Strafgefangenen oder gemeinnützige Arbeit als Alternative zum Strafvollzug, denn hier mangelt es an Freiwilligkeit. Keine FGT sind Spenden, das Zur-Verfügung-Stellen des eigenen Status und das Errichten einer Stiftung, denn der persönliche Zeitaufwand kann als gering erachtet werden. Hingegen fällt die ehrenamtliche Tätigkeit in einer Stiftung sehr wohl unter FGT.

Auch wenn die Hausarbeit oder die Fürsorge innerhalb einer Familie – wenn auch unter den Mitgliedern teils unfair verteilt – freiwillig übernommen wird und schwerlich eingeklagt werden kann, gehört sie nicht unter die Rubrik FGT, weil die Familie zwar ein Element von Gemeinwesen, aber nicht selbst Gemeinwesen ist, weswegen sich auch diese Tätigkeiten nicht als soziale Arbeit qualifizieren. Insofern Hausarbeit die Sorge für die nächsten Angehörigen betrifft, sind die beteiligten Personen ohnehin keineswegs vollkommen frei in ihrer Entscheidung, sich zu kümmern oder nicht. Eltern obliegt grundsätzlich die Pflicht zur Sorge für ihre Kinder.

Der Sektor FGT ist zwar kein Markt, doch fast alle Tätigkeiten, die von Freiwilligen ausgeführt werden, finden sich auch als bezahlte oder professionalisierte Dienstleistungen: Es gibt bezahlte Wahlhelfer und angestellte Fußballtrainer ebenso wie die Berufsfeuerwehr und berufliche Entwicklungshelfer. Dieses Nebeneinander schafft ein Spannungsverhältnis, in dem FWA zunehmend in Legitimationsnöte geraten kann (Graeff und Weiffen 2001) oder den Professionalisierungsbestrebungen sowie dem manageriellen Zugriff ausgesetzt ist und unter Anpassungsdruck gerät.

Schwierig ist die Abgrenzung zum **Milizsystem** in der Schweiz (Müller 2015). Hierbei handelt es sich um eine gewählte, teilweise mit Vorgesetztenfunktion ausgestattete und mitunter mehr als geringfügig bezahlte Tätigkeit im Bereich Gemeinde, Schule oder Kirche. Dies ist eine für die Schweiz charakteristische Form des Dienstes für das Gemeinweisen, das eine große lebensweltliche Nähe zur FWA aufweist, nicht zuletzt im Erleben dieser Tätigkeit durch den Einzelnen (Ketterer et al. 2015). Verlässliche Zahlen zum Umfang des Milizsystems finden sich im Schweizer Freiwilligenmonitor (Freitag et al. 2016) bis heute nicht.

Die Schweizer Selbstverwaltung im Milizsystem wurzelt in den Schweizer Alteidgenossenschaften im 13. und 14. Jahrhundert und gründet in der Idee einer „herrschaftsfremden Selbstverwaltung" (Müller 2015). Das Milizsystem stellt in seiner Funktion als Laienbehörde die Einheit von Staat und Gesellschaft dar, auch wenn es zunehmend unter Rechtfertigungsdruck gerät.

Auch mit Blick auf das Schweizer Milizsystem scheint es sinnvoll von **Frei-willigenmanagement** zu sprechen. Rosenkranz und Weber (2012) sehen eine solche Notwendigkeit und vertreten die These, dass das Ehrenamt vor einem Umbruch stehe und die Non-Profit-Organisationen zukünftig die folgende Aufgabe haben:

> […] gezielt qualifizierte und motivierte Menschen für die Freiwilligenarbeit zu gewinnen. Sie in die Arbeit einzubinden und ihre Vorstellungen über Arbeitszeiten, Motive etc. mit den tatsächlichen Anforderungen der jeweiligen Organisation zusammenzubringen und damit Qualitätsstandards zu sichern und weiter zu entwickeln. Und dabei trotzdem – oder vor allem auch – den Bedürfnissen der professionellen Kräfte gerecht zu werden (Rosenkranz und Weber 2012, S. 13).

Wir betrachten diese Position aus mehrerlei Gründen kritisch. Zum einen wird die Notwendigkeit zur EWA (Abhängigkeit) mit den Bedürfnissen zu FGT (Autonomie) gleichgesetzt und unterschiedliche Leistungsverpflichtungen und Leistungsansprüche ignoriert. Zum anderen soll der Unterschied in der Zusammenarbeit von hauptberuflich Tätigen und Freiwilligen nicht mehr als ein Zusammentreffen von professionellem (und d. h. immer auch standardisiertem) und erfahrungsorientiertem Laienwissen genutzt, sondern aufgehoben werden. Schließlich wird unterstellt, dass die beiden Gruppen die gleichen Qualitätsvorstellungen haben oder die Freiwilligen davon überzeugt werden müssen, was in der NPO als Qualität definiert wird. Dabei könnte es auch so sein – und hierauf zielt unsere Kritik –, dass sich in der Zusammenarbeit und aufgrund der je unterschiedlichen Wissensperspektiven erweiterte Qualitätskriterien entwickeln ließen und der Führungsanspruch hierbei nicht grundsätzlich von den „Profis" übernommen werden müsste: Die Forschung zu FGT benötigt eine eigene theoretische Perspektive.

Die Verbreitung von Freiwilligenarbeit: Statistiken

Neben der begrifflichen Klärung setzt die Beschäftigung mit dem Phänomen FWA auch ein gewisses Maß an Wissen über seine gesellschaftliche Verbreitung voraus. Hier leisten repräsentative Befragungen einen wichtigen Betrag. In mehreren Ländern werden Umfang und Form der FWA regelmäßig erfasst. Auch auf EU-Ebene liegen Erhebungen vor. Im Folgenden fassen wir die wichtigsten Erkenntnisse des European Quality of Life Survey (EQLS), des deutschen Freiwilligensurvey (FWS) sowie des Schweizer Freiwilligenmonitors (FWM) zusammen. Der zivilgesellschaftliche Vergleich von der Schweiz und Deutschland offenbart dabei grundlegende Unterschiede in der Auffassung von FWA.

2.1 European Quality of Life Survey (EQLS)

Im EQLS, bei dessen dritter Erhebung 2011 rund 35.500 Personen in den 27 EU-Mitgliedstaaten „face-to-face" interviewt wurden, wird der FWA ein eigenes Kapitel gewidmet (Eurofound 2012). Auch wenn die Spannweite der Engagementquoten (s. Abb. 2.1) groß ist, ist der Mittelwert beeindruckend: Ein Drittel der EU27- Bürgerinnen und -Bürger war im Jahr 2011 mindestens einmal freiwillig engagiert, 17 % regelmäßig, d. h. einmal pro Woche bzw. in jedem Monat des Jahres. Die meisten (jeweils 18 %) engagieren sich in den Bereichen Bildung, Kultur, Sport, gefolgt von „Community-Services" (15 %), sozialen Bewegungen oder Wohltätigkeitsorganisationen (11 %), Religionsgemeinschaften (10 %) sowie Parteien und Gewerkschaften (5 %). Die meiste regelmäßige Freiwilligenarbeit wird im Zusammenhang mit einer Organisation ausgeführt; 5 % der Freiwilligen sind in mehreren NPO engagiert.

© Springer Fachmedien Wiesbaden GmbH, ein Teil von Springer Nature 2018
T. Wehner et al., *Freiwilligenarbeit*, essentials,
https://doi.org/10.1007/978-3-658-22174-4_2

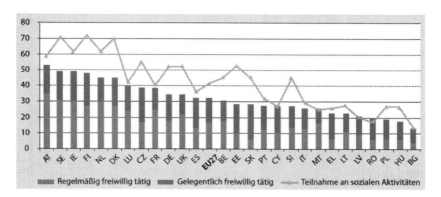

Abb. 2.1 Beteiligung an unbezahlter freiwilliger Arbeit in Ländern der Europäischen Union. Mit „regelmäßig" sind die Häufigkeitskategorien „jede Woche" und „jeden Monat" zusammengefasst; „gelegentlich" meint die Kategorie „weniger oft/gelegentlich". (Eurofound 2012)

In Bezug auf das soziale Profil der Freiwilligen zeigt sich das in der Literatur seit vielen Jahren bekannte Bild: Fast die Hälfte (48 %) verfügt über eine Hochschulausbildung, weitere 29 % über einen Sekundarstufenabschluss. Unter jenen, die regelmäßig freiwillig tätig sind, haben doppelt so viele eine universitäre Ausbildung (29 %) wie eine Sekundarschulbildung (15 %). Da Bildung einen Einfluss auf das verfügbare Einkommen hat und die Einkommensverteilung in den 27 Befragungsländern sehr ungleich ist, wird zwischen den EU12-Staaten (Mitgliedschaft seit 2004) und jenen Staaten unterschieden, die bereits vorher EU-Mitglied waren. Für die (meist osteuropäischen) EU12-Länder zeigt sich, dass im untersten Viertel der gesellschaftlichen Einkommensverteilung nur 15 % der Bürger aktiv sind, während es 30 % im obersten Viertel sind; für die EU15-Länder liegt das Verhältnis bei 28 % zu 42 %.

Freiwillige Arbeit fördert Inklusion. Bereits der Stiglitz-Report (Stiglitz et al. 2009) zeigte, dass es einen positiven Zusammenhang zwischen dem Gefühl, gesellschaftlich nicht ausgeschlossen zu sein, und freiwilligem Engagement (Community Involvement) gibt. Dies wird im EQLS (Eurofound 2012, S. 80 ff.) bestätigt: Personen, die mindestens einmal im Monat reguläre FWA verrichten, fühlen sich statistisch bedeutsam weniger von der Gesellschaft ausgeschlossen als bspw. Personen, die sich lediglich im üblichen Rahmen politisch beteiligen oder ihren religiösen Bedürfnissen, in Form des Kirchgangs etwa, nachkommen. Die Autoren fassen diesen Befund pointiert zusammen: „Measures to adress social exclusion should not only focus on the labour market or even improving income; people involved in associations and doing voluntary work, for example, feel less excluded" (Eurofound 2012, S. 8).

2.2 Der deutsche Freiwilligensurvey (FWS)

In Deutschland wird FWA seit 1999 regelmäßig in Form eines Surveys erfasst. Die vierte und aktuellste Erhebung fand im Jahr 2014 statt (Simonson et al. 2017). Der FWS, der im Auftrag der Bundesregierung erhoben wird, liefert eine repräsentative Engagementquote, die den Anteil freiwillig Engagierter an der gesamten Wohnbevölkerung über 14 Jahre ausweist. Unter Engagement wird das Übernehmen bestimmter Aufgaben, Arbeiten oder Funktionen im Rahmen von Vereinen, Organisationen, Gruppen oder öffentlichen Einrichtungen verstanden. 2014 lag die Engagementquote bei 43,6 %, d. h. 30,9 Mio. Menschen engagierten sich in FWA. 1999 lag die Quote noch bei rund 34 %. Der Bericht 2016 führt den Anstieg der Engagementquote auf gesellschaftliche Veränderungen zurück, etwa die Bildungsexpansion oder die öffentliche Thematisierung von FWA.

Neben der allgemeinen Engagementquote unterscheidet der FWS verschiedene Bereiche. Der ungleich größte Engagementbereich ist dabei Sport und Bewegung. Gut 16 % der Bevölkerung waren 2014 hier freiwillig tätig. Weitere drei große Bereiche sind Schule bzw. Kindergarten, soziales Engagement sowie Kultur und Musik mit jeweils rund 9 % der Bevölkerung. Danach folgt das Engagement für Kirche und Religion mit gut 8 %.

Zudem lässt sich dem FWS entnehmen, welche soziodemografischen Gruppen in der Freiwilligenarbeit über- bzw. unterrepräsentiert sind. So zeigen sich:

- Geschlechterunterschiede: In Deutschland sind deutlich mehr Männer (46 %) als Frauen (42 %) freiwillig tätig. Im Ehrenamt ist – gleich wie in der Wirtschaft – die Gleichberechtigung noch nicht angekommen: Frauen sind selten in Führungsposition anzutreffen.
- Altersunterschiede: Das Engagement nimmt im Rentenalter in der Regel deutlich ab (34 % Engagierte). Im Langzeitvergleich ist jedoch gerade das Engagement im Rentenalter seit 1999 am stärksten gewachsen, nämlich um fast die Hälfte.
- Unterschiede nach Bildungsniveau: Bei Personen mit hohem Bildungsniveau lag 2014 die Engagementquote bei 52 %, bei mittlerem und niedrigem Bildungsniveau bei 41 % resp. 28 %.
- Unterschiede nach Erwerbsstatus: Bei Vollzeitbeschäftigen (47 %) und Teilzeitbeschäftigen (51 %) ist die Engagementquote deutlich höher als bei Arbeitslosen (26 %). Bei Frauen überwiegt das Engagement bei den Teilzeitbeschäftigen, bei Männern bei den Vollzeitbeschäftigen.

Des Weiteren zeigen sich im Freiwilligensurvey bedeutsame regionale Unterschiede. Zum einen ist die Engagementquote im ländlichen Raum (46 %) höher als in den Städten (43 %). Zum anderen gibt es immer noch ein „Engagement-gefälle" zwischen den alten (45 %) und den neuen Bundesländern (39 %). Hinzuzufügen bleibt, dass in den neuen Bundesländer die Bereitschaft zu privater informeller Nachbarschaftshilfe leicht höher ist (über 27 %) als in den alten Bundesländern (26 %).

Jenseits der soziodemografischen Merkmale bietet der FWS auch einen Einblick in die Beweggründe von Freiwilligen in Deutschland. Freiwillige Arbeit erfolgt 2014 zu 47 % aus Eigeninitiative, deren Anteil liegt deutlich höher als 1999 (damals 39 %). Bei den Motiven überwiegt ganz klar das „Spaß haben" (80 % stimmen voll und ganz zu). Danach folgen Motive des Gemeinsinns: „mit anderen Menschen zusammenkommen", „Gesellschaft mitgestalten", „mit anderen Generationen zusammenkommen" (je etwa 60 % volle Zustimmung). Instrumentelle Motive wie „Qualifikationen erwerben" (34 %), „Ansehen und Einfluss gewinnen" (15 %) oder „beruflich vorankommen" (15 %) spielen keine unbedeutende, aber eine untergeordnete Rolle. Aus dem FWS lässt sich schließen, dass es der **Gemeinsinn** der Freiwilligen ist, der das stärkste motivierende Moment entfaltet. Dies gilt es zu betonen, weil üblicherweise die Motivation von Freiwilligen im Altruismus oder vermeintlichen Egoismus der Freiwilligen vermutet wird.

2.3   Der Schweizer Freiwilligenmonitor (FWM)

In der Schweiz werden Umfang und Entwicklungen der FWA im Rahmen eines Monitors erfasst, den die Schweizerische Gemeinnützige Gesellschaft (SGG) initiiert hat. Der Monitor startete 2006, eine zweite Erhebung folgte 2009 Die neuesten Daten lassen sich der Befragung von 2014 entnehmen (Freitag et al. 2016). Der FWM unterscheidet zwischen **Spenden** (die auch unter „Freiwilligkeit" erfasst werden), **informeller** Freiwilligenarbeit und **formeller** FWA. Als formelle FWA gilt die freiwillige Mitarbeit in Organisationen und Vereinen, nicht aber die reine Mitgliedschaft oder die Teilnahme an Vereinsaktivitäten (zwei Drittel der Schweizerinnen und Schweizer sind Mitglied in einem Verein). Nach dieser Definition ist ein Viertel der Schweizer Wohnbevölkerung über 15 Jahren im Jahr 2014 formell freiwillig tätig gewesen, mehr als jeder Dritte ist jedoch informell tätig (38 %). Auf eine Besonderheit und Schwäche sei noch hingewiesen: Die freiwillige Arbeit im Schweizer Milizsystem, z. B. in der Gemeindeverwaltung, wird mit dem FWM nicht erfasst; Spenden hingegen schon.

In Bezug auf soziodemografische Merkmale ist dem FWM zu entnehmen, dass Männer (27 %) sich häufiger formell engagieren als Frauen (24 %). Die Geschlechterunterschiede nehmen jedoch seit 2006 ab. Unverändert ist die Situation bei der informellen Hilfe: diese wird vor allem von Frauen aus dem mittleren und unteren Bildungssegment geleistet. Mit Blick auf das Alter findet sich – dies deckt sich mit Befunden aus anderen Ländererhebungen – die höchste Engagementquote in der Mitte des Lebens, wenn Menschen sich beruflich etabliert haben: In der Altersgruppe 40–64 Jahre engagieren sich 30 % der Wohnbevölkerung.

Wie in Deutschland, so hat auch in der Schweiz der Wohnort einen Einfluss auf die Engagementwahrscheinlichkeit: Zum einen findet sich in den ländlichen Regionen eine höhere Quote als in den Schweizer Städten. Zum anderen gibt es in der Schweiz starke regionale Unterschiede. In der Deutschschweiz ist eine deutlich höhere Beteiligung zu beobachten als in der französisch- und italienischsprachigen Schweiz. Bei der Interpretation dieser immer wieder berichteten Differenz gilt es zu bedenken, dass es sich u. U. um ein Artefakt des Monitors handeln könnte und sich die Engagementdifferenz „auflöst", wenn Betätigungsfelder differenzierter betrachtet würden. Dies tun z. B. Schlesinger et al. (2014) für das Engagement in Sportvereinen und können keine Aktivitätsunterschiede für die verschiedenen Sprachregionen nachweisen.

Im Fokus des Schweizer FWM liegt auch die Freiwilligkeit im **Internet.** In der Zusammenfassung heißt es hierzu:

> Rund ein Viertel der in der Schweiz wohnhaften Bevölkerung engagiert sich freiwillig im Internet. Freiwilliges Engagement im Internet beinhaltet in der Regel das Gründen und Moderieren von Facebook-Gruppen oder die Pflege von Webseiten von Vereinen oder Organisationen. Relativ häufig umfasst dies neben dem unentgeltlichen Aufbereiten von Informationen zudem die Bereitstellung von Expertisen oder die Beratung über das Internet. Ein hoher sozialer Status ist nicht nur der realweltlichen, sondern auch der Freiwilligkeit im Internet förderlich. Abgesehen davon verhält sich online Freiwilligkeit in vielerlei Hinsicht ergänzend zu realweltlicher Freiwilligkeit (Freitag et al. 2016, S. 4).

Freiwillige Arbeit als Tätigkeit 3

Wir gehen von der Annahme aus, dass Freiwilligenarbeit nicht nur etwas über individuelles Hilfeverhalten in der jeweiligen Zivilgesellschaft, in der sie stattfindet, aussagt, sondern, wegen des Aspekts der Arbeit in enger Verbindung zur jeweiligen Verfasstheit der Erwerbsarbeitsgesellschaft steht. So lässt sich fragen:

- Ist frei-gemeinnützige Tätigkeit **neutral** und bloß nebengeordnet zur EWA zu sehen? Der Bereich FGT definiert dann eine Parallelwelt zur Erwerbsarbeit und ist ähnlich dem Bereich der werteorientierten Religionsausübung oder vieler ausgleichsorientierter Hobbys zu verstehen.
- Verhält sich FGT **ergänzend** oder gar **kompensativ** zur Erwerbsarbeit? Freiwillige Arbeit würden dann Raum für Motive und Sinnerfüllung bieten, welche die EWA nicht leisten kann.
- Das Verhältnis kann auch **instrumentell** werden: Die frei-gemeinnützige Tätigkeit steht dann im Dienst der EWA, z. B. wenn durch freiwillige Arbeit gezielt biografie- oder berufsrelevante Qualifikationen und Kompetenzen erworben werden sollen.
- Denkbar ist auch, dass FGT **rekompensativ** zur EWA zu verstehen ist: Manche Menschen sind so zufrieden mit und dankbar für ihre Arbeit (und ihrem Leben), dass sie der Gesellschaft über freiwillige Arbeit etwas zurückgeben wollen.
- Denkbar ist zudem ein – zumindest zeitweise – **konflikthaftes** Verhältnis von FGT zur EWA; sei es, dass sich der Zeitaufwand wechselseitig nicht vereinbaren lässt oder dass sich gar ideologische Gräben auftun, wenn z. B. ein Angestellter der Chemieindustrie freiwillig für Greenpeace tätig ist.

© Springer Fachmedien Wiesbaden GmbH, ein Teil von Springer Nature 2018
T. Wehner et al., *Freiwilligenarbeit*, essentials,
https://doi.org/10.1007/978-3-658-22174-4_3

Wir haben mit dem Roten Kreuz eine länderübergreifenden Studie in acht Ländern und mit 6000 Personen durchgeführt (Neufeind 2013). Die Frage war u. a.,
ob die FWA beim Roten Kreuz für die Freiwilligen die Lohnarbeit ergänzende
oder kompensierende Bedürfnisse erfüllt. Die Studie zeigt: Erstens, gut gestaltete
Freiwilligentätigkeiten können Belastungen aus der Erwerbsarbeit abfedern, also
kompensieren; zweitens Autonomieerleben in der Freiwilligentätigkeit kann feh-
lendes Autonomieerleben in der Berufstätigkeit teilweise ergänzen (Neufeind und
Wehner 2014).

3.1   Verfasstheit der Erwerbsarbeitswelt

Im Folgenden wollen wir einen Blick auf die Verfasstheit der Erwerbsarbeitswelt
werfen. Dies erfolgt anhand von breit abgesicherten Einschätzungen und verall-
gemeinerbaren Daten, wie sie Surveys bereitstellen.

3.1.1   EU-Raum: ein Maximum an Lebensqualität
verbindet sich mit einer eher reduzierten
Erwerbsarbeit

Der European Quality of Life Survey (EQLS) gilt als gut etabliertes Instrument,
um im EU-Raum die subjektiv wahrgenommene Lebensqualität zu messen (Eurofound 2012). In jedem Mitgliedsland werden seit 2003 zum dritten Mal zwischen 1000 und 3000 Personen über 18 Jahren befragt. Auf einer Skala von 1 bis
10 liegt die Lebenszufriedenheit in den 27 EU-Ländern und bei allen befragten
Gruppen im Schnitt 0,3 Punkte unter den ermittelten Glückswerten. Aufschluss-
reich für unser Thema ist jedoch folgender Befund: Die höchste Lebenszufriedenheit wird bei einem Arbeitsverhältnis von 21–34 h pro Woche erreicht und liegt
damit deutlich unter den zwischen den Tarifparteien ausgehandelten europaweiten
Wochenarbeitszeiten von 35–42 h (Eurofound 2012, S. 23).

Zudem: Nahezu jeder fünfte Europäer (18 %) würde gerne mehr Zeit für ein
freiwilliges Engagement zur Verfügung stellen. Nicht Nichtstun ist der Wunsch
derer, die stark oder zu stark in die Erwerbsarbeit eingebunden sind, sondern sich
Betätigen auf anderen Gebieten. Der EQLS zeigt aber auch die Wichtigkeit beste-
hender gesellschaftlicher Angebotsstrukturen für FWA. Von daher sind sich in
Staaten wie Malta, Lettland, Slowenien oder Polen fast die Hälfte der Befragten
unsicher, ob sie Zeit in FWA investieren wollen (Eurofond 2012, S. 91).

3.1.2   In Deutschland ist die Erwerbsarbeit „mittelmäßig" – „Gute Arbeit" selten!

Der Deutsche Gewerkschaftsbund (DGB) bietet allen, die an einer Selbstdiagnose ihrer Arbeitssituation interessiert sind, den DGB-Index „Gute Arbeit" an (vgl. http:// www.dgb-index-gute-arbeit.de). Darüber hinaus wird eine jährliche Repräsentativerhebung durchgeführt, wobei zufällig ausgewählte Arbeitnehmende aus allen Regionen, Branchen, Einkommensgruppen und Beschäftigungsverhältnissen telefonisch zu ihren Einstellungen und Bewertungen der Arbeitsbedingungen befragt werden.

Die bis 2007 zurückreichenden Befunde zeigen ein eindeutiges, ernüchterndes und stabiles Bild: Über alle Befragten hinweg lässt sich die Erwerbsarbeit als „mittelmäßig" qualifizieren (Indexwerte zwischen 58 im Jahr 2007 und 63 von 100 Punkten im Jahr 2017). Maximal jeder siebte bis achte Beschäftigte hat „Gute Arbeit", jeder fünfte (19 %) „Schlechte Arbeit". Einzelne Merkmale wie Einkommen (und damit die Existenzsicherung) oder Arbeitsintensität (worunter Belastungs- und Beanspruchungsfaktoren fallen) erreichen kontinuierlich Werte von unter 50 von 100 Punkten und kennzeichnen damit schlechte Einkommensverhältnisse und hohe Belastungen.

Die Bewertungen hängen – und dies ist für die arbeitswissenschaftliche Intervention wichtig – weniger von der Branche, von der beruflichen Tätigkeit, vom Geschlecht oder vom Alter, sondern eindeutig von den Arbeitsanforderungen und den -bedingungen ab! Diese beiden Faktoren sind es auch, die zu Vereinbarungsproblemen zwischen der EWA und anderen Verpflichtungen führen: Die 2017er Befragung zeigt, dass 37 % der beschäftigten Männer und 47 % der Frauen in der BRD „sehr häufig" oder „oft" zu erschöpft sind, um sich nach der Arbeit noch um private oder familiäre Angelegenheit zu kümmern. Hierzu passen zwei weitere Befunde: 35 % der von der Körber Stiftung (https://www.koerber-stiftung.de) 2016 befragten Erwerbstätigen gaben an, nicht zivilgesellschaftlich tätig zu sein, obwohl sie sich engagieren würden, wenn es die Vereinbarkeit mit der Arbeit erlauben würde. Entsprechend dazu zeigt der FWS (Simonson et al. 2017) sehr deutlich, dass der Arbeitgeber kein Auslöser für freiwilliges Engagement ist und berufliche Gründe der häufigste Auslöser dafür sind, das Engagement zu beenden.

3.1.3   In der Schweiz macht die Erwerbsarbeit nicht nur zufrieden, sie führt auch in die Resignation

Zum siebten Mal wurde 2012 an Hand einer repräsentativen Erhebung unter knapp 1500 Beschäftigten der sog. Schweizer Human-Relations- Barometer in den drei Schweizer Sprachregionen bestimmt (HR-Barometer; Grote und Staffelbach 2012).

Erfasst werden die summarische Arbeits- und Laufbahnzufriedenheit und spezifi-sche Formen der Arbeitszufriedenheit. Es zeigt sich das, was bei globalen Zufriedenheitsäußerungen immer wieder gefunden wurde: Zwischen 70 und 80 % sind zufrieden bis sehr zufrieden (Semmer und Udris 2004, S. 169). Erst die Betrachtung verschiedener Formen der Arbeitszufriedenheit gibt einen differenzierten Einblick in die Erlebniswelt der Beschäftigten. Nach Bruggemann (1974) können wir verschiedene Formen der Arbeitszufriedenheit unterscheiden, darunter die sog. resignative Zufriedenheit. Erwerbstätige mit resignativer Zufrie-denheit bewerten die Aussage: „Ich bin mit meiner Arbeit zufrieden – ich sage mir, es könnte viel schlimmer sein" mit deutlicher Zustimmung. Der momen-tane Job entspricht zwar nicht ihren Wünschen und Bedürfnissen an einen guten Arbeitsplatz, sie gehen aber davon aus, dass weder betriebliche Instanzen noch ihr eigenes Engagement die gegebenen Bedingungen zu verbessern vermögen. Um dennoch zufrieden zu werden, bleibt diesen Personen nichts anderes übrig, als ihr eigenes Anspruchsniveau zu senken.

Von solcherart Hoffnungslosigkeit berichten im HR-Barometer 2012 insge-samt 28 % der Befragten, was einer Steigerung um gut 10 Prozentpunkte seit 2007 entspricht. Betrachtet man zusätzlich die seit 1979 sporadisch und ab 1997 jährlich durchgeführte – ebenfalls repräsentative – Langzeitmessung eines Beratungsunternehmens (vgl. www.transferplus.ch) zum gleichen Thema und mit dem gleichen Erhebungsansatz, so wird der Eindruck verstärkt, dass resignative Zufriedenheit eine Form kennzeichnet, die für die Schweiz kein vorübergehen-des Phänomen zu sein scheint. Die Zeitreihe der TransferPlus AG weist zwischen 1979 und 1996 im Mittel rund 21 % resignativ Zufriedene aus. Für die Jahre 1997–2017 ergibt sich ein Durchschnittswert von rund 33 %, bei einer Spann-weite von 26–42 %.

Mit diesen Befunden bewahrheitet sich der Eingangsgedanke des Vorwortes: Wer von der Freiwilligenarbeit spricht, der spricht auch von der Erwerbsarbeits-gesellschaft, in der sie stattfindet.

3.2   Theorie: Vom Sinn in der frei-gemeinnützigen Tätigkeit

Theorieansätze zur Freiwilligenarbeit können sich auf Hannah Arendt berufen. Arendt unterscheidet in ihrem Werk *Vita activa – oder Vom tätigen Leben* (Arendt 1967/2005) drei Grundtätigkeiten des Menschen: *Arbeiten, Herstellen* und *Han-deln*. Im *Arbeiten* wird das Notwendige bereitgestellt, um das Fortbestehen des Menschen sowohl auf der Ebene des Individuums als auch der Gattung zu sichern. Mit dem *Herstellen* stemmt sich der Mensch gegen den wiederkehrenden Kreislauf der Natur und setzt dem Biologisch-Vergänglichen das Künstlich-Beständige der von ihm selbst geschaffenen Welt entgegen.

Das *Handeln* entspricht der Grundbedingung, die Arendt als die Pluralität des Menschen bezeichnet. Damit gemeint ist die Tatsache, dass sich Individuen in ihrer Einzigartigkeit in einer gemeinsamen Wirklichkeit aufeinander beziehen. Arendt hebt das Handeln als die menschlichste – dem Menschen würdigste – Tätigkeit der Vita activa heraus, in welcher sich Menschen als Menschen begegnen, jenseits des Notwendigen und Nützlichen. Im Folgenden wollen wir diese Position aus Sicht der Tätigkeitstheorie reflektieren.

3.2.1 Freiwilligenarbeit aus Sicht der Tätigkeitstheorie

Das Grundpostulat der Tätigkeitstheorie lautet: In der Arbeitstätigkeit wird nicht nur ein Produkt der Arbeit des Subjekts erzeugt, das Subjekt selbst – seine Identität und seine Persönlichkeit – wird in der Arbeitstätigkeit geformt. *Tätigkeit* ist nach Leontjew, dem Begründer der Tätigkeitsteheorie, „eine ganzheitliche, nicht aber eine additive Lebenseinheit des körperlichen Subjekts [...], deren Funktion darin besteht, das Subjekt in der gegenständlichen Welt zu orientieren" (Leontjew 1982, S. 82). Welche Struktur die gegenständliche Tätigkeit auch immer annimmt, „man kann sie niemals isoliert von den gesellschaftlichen Beziehungen, vom Leben in der Gesellschaft betrachten" (Leontjew 1982, S. 83).

Leontjew (1982) unterscheidet drei Ebenen zur Beschreibung des Tätigseins (s. Abb. 3.1): *Tätigkeit, Handlung* und *Operation. Tätigkeiten* konstituieren sich über das Motiv, d. h. dem Sinn, dem sie folgen. „Die Bewusstseinsfunktion der Motive besteht darin, dass sie die Lebensbedeutung der objektiven Bedeutungen und der Handlungen des Subjekts ‚werten', ihnen persönlichen Sinn geben" (Leontjew 1982, S. 145). Tätigkeit vollzieht sich im konkreten *Handeln* (zweite Ebene). Jedes Handeln folgt einer Zielsetzung, die den Motiven dient. *Operationen* wiederum sind nach Leontjew (1982) die „Verfahren der Verwirklichung einer Handlung" (S. 106). Operationen erfolgen in der Arbeit mit und an konkreten *Gegenständen*. „Die Hauptsache [...], die die eine Tätigkeit von der anderen unterscheidet, besteht in der Verschiedenheit ihrer Gegenstände" (Leontjew 1982, S. 101).

Der Begriff des Handelns bei Arendt übersetzt sich bei Leontjew in den Begriff der sinnstiftenden Tätigkeit. Während die Erwerbstätigkeit vorrangig der Existenzsicherung dient und in der Erwerbstätigkeit Zielkonflikte entstehen könnten (z. B. Geld verdienen vs. ethisch vorbildlich handeln), ermöglicht die FGT ein hohes Maß an Kongruenz zwischen den objektiven Nutzenkategorien

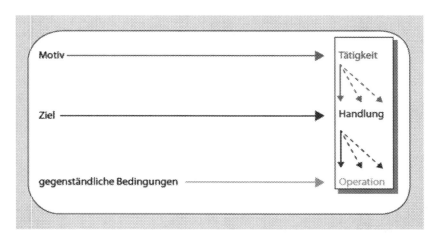

Abb. 3.1 Die drei Ebenen der Tätigkeit nach Leontjew 1981. (Aus Frei et al.1984; mit freundlicher Genehmigung)

bzw. Bedeutungen und den subjektiven Sinnkategorien. Auch und gerade weil die Gegenstände, wie in den Feldern der FGT (der Kultur- oder Flüchtlingsarbeit etwa), sozialer Natur sind.

3.2.2 Sinngenerierung in der frei-gemeinnützigen Tätigkeit

Wenn von Sinn gesprochen wird, ist meist eine Verkürzung dessen wahrnehmbar, was sich hinter dem Begriff verbirgt. Im Französischen wird Sinn („sens") noch in einem ursprünglichen, nämlich doppelten Wortsinn gebraucht: Einerseits *strukturvermittelnd, richtunggebend,* nützlich sowie andererseits *herausfordernd* und *Freude bereitend.* Vor allem jene, die in der Arbeitsgesellschaft arbeitslos sind, erleben diesen Verlust auf beiden Dimensionen: Ihr Leben verliert an Struktur und Richtung, sie fühlen sich nicht mehr nützlich für die Gesellschaft und für ihr Lebensumfeld und gleichzeitig fehlen ihnen die Herausforderungen durch den Arbeitskontext und das, was in und an der Arbeit (auch) Freude (ge-)macht (hat).

Häufig finden wir in unserer Arbeitswelt Menschen, die ein festes Arbeitsverhältnis haben, weder psychopathologischen Situationen ausgesetzt sind, noch Überforderungen verspüren und ein gewisses Maß an Arbeitszufriedenheit erleben. Diese berichten nun auffallend oft, dass ihnen die Sinngenerierung in und durch ihre Arbeit nur relativ schwer gelingt und sie zwar die strukturgebenden Aspekte der Arbeit als positiv erachten, aber die Nutzenaspekte mitunter hinter den Belastungen und Beanspruchungen und damit dem Stress nicht mehr hervorscheinen – vom wirklichen Spaß an der Arbeit, der Arbeitsfreude also, ganz zu schweigen: Sinnfinsternis kennzeichnet eine solche Arbeitssituation und ist krankmachend, wie die Texte des Fehlzeitenreport 2018 zeigen (Badura et al. i. V.).

FGT bedeutet Sinnstiftung durch persönliche Tätigkeit, und – nach Arendt – eine „Enthüllung der Person" (Arendt 1967/2005, S. 213). Wir schließen mit drei Zitaten, die stellvertretend für viele belegen, wie sehr sich FWA um das Motiv der Sinngenerierung dreht und sich damit als frei-gemeinnützige Tätigkeit ausweist:

- „Nützlich kann ich mich überall machen. Hier bekomme ich aber etwas zurück, was ich sonst nicht so leicht bekomme. Was es wirklich ist, kann ich aber auch nicht so leicht sagen – muss ja auch nicht" (43-jähriger Koordinator einer Hospizgruppe).
- „Um Sinn zu erleben geht es mir! Würde ich die Tätigkeit bezahlt bekommen, würde ich sie nicht mehr machen, dann müsste ich Vergleiche anstellen, mich mit Leistung auseinandersetzen und wer weiß was noch alles" (64-jährige Freiwillige in einem Universitätsspital).
- „[…] wenn das Ganze hier für mich keinen Sinn mehr macht, dann kann und würde ich sofort aufhören, dazu muss ich nicht wissen, was für jemanden anders Sinn macht – ich habe ein Gespür dafür" (58-jährige Freiwillige beim Schweizerischen Roten Kreuz).

Motivation zur Freiwilligenarbeit

4

Kaum eine Frage hat in stärkerem Ausmaß Forschung zur Freiwilligkeit anregt als jene nach den Beweggründen Freiwilliger für ihr Engagement. Dieses Kapitel stellt zunächst einen etablierten Ansatz vor zur Klassifikation und Messung der vielfältigen Motive für Freiwilligenarbeit (Abschn. 4.1). Diese Liste verschiedener Motive ist als Vorschlag zur Strukturierung gemeint und kann bzw. sollte flexibel erweitert oder differenziert werden, um den Besonderheiten der jeweiligen Freiwilligentätigkeit gerecht zu werden (Abschn. 4.2). Abschließend wird vor dem Hintergrund der sog. Selbstbestimmungstheorie gezeigt, dass nicht jeder Beweggrund für Freiwilligenarbeit gleichermaßen wünschenswert ist, wenn nachhaltiges Engagement gefördert werden soll (Abschn. 4.3).

4.1 Der funktionale Ansatz

Wer eine Freiwilligentätigkeit ausübt, macht sich im Vorfeld – mehr oder weniger intensiv – Gedanken darüber, was sie oder ihn bei dieser Aufgabe erwarten wird. Zumindest im Vergleich zu anderen Formen prosozialen Handelns wie dem Helfen in Notsituationen kann die Freiwilligenarbeit als eine überlegte und geplante Tätigkeit bezeichnet werden, welche auf längere Zeit hin angelegt ist. Wer verstehen möchte, wie es dazu kommt, dass Menschen in Notsituationen einem anderen Menschen zu Hilfe eilen, wird stärker auf Merkmale der Situation achten, um das Handeln bzw. Nicht-Handeln erklären zu können. Bei der Freiwilligenarbeit hingegen stellt sich die Frage, welche psychologischen „Funktionen" diese Tätigkeit für die handelnde Person erfüllt. Diese Suche nach den zugrunde liegenden psychologischen Funktionen ist in der Sozialpsychologie ein etablierter Ansatz, welcher besonders entwickelt wurde, um die Entstehung und Stärke von Einstellungen erklären zu können (für Hintergründe sei auf Oostlander et al. 2015, verwiesen).

Diesen sog. funktionalen Ansatz wendeten Clary et al. (1998) auf die Analyse von Freiwilligenarbeit an. Welche psychologischen Funktionen kann Freiwilligenarbeit (FWA) erfüllen? Clary et al. beschreiben die folgenden sechs Funktionen:

- **Wertefunktion:** Durch die FWA werden eigene Wertvorstellungen – insbesondere der Solidarität und Menschlichkeit – zum Ausdruck gebracht (Beispielaussage: „Ich kann etwas für eine Sache tun, die mir persönlich wichtig ist.")
- **Erfahrungsfunktion:** Durch die FWA wird Erfahrung gesammelt, werden neue Fertigkeiten erworben und Kompetenz aufgebaut; auch sich selbst besser zu verstehen, fällt in diesen Bereich (Beispiel: „Ich kann meine Stärken kennen lernen.")
- **Karrierefunktion:** Die berufliche Laufbahn wird durch die FWA gefördert, sei es durch Networking oder den Wert einer attraktiven Freiwilligentätigkeit im Lebenslauf (Beispiel: „Die Freiwilligentätigkeit kann mir helfen, in meinem Beruf erfolgreich zu sein.")
- **Soziale Anpassungsfunktion:** FWA zu leisten erfüllt eine Erwartung des persönlichen Umfelds; durch das eigene Engagement lässt sich die Einbindung in die Gruppe stärken (Beispiel: „Menschen, die mir nahestehen, möchten, dass ich freiwillig tätig bin.")
- **Selbstwertfunktion:** Das Selbstwertgefühl wird durch die FWA erhöht; als Freiwillige/r fühlt man sich gebraucht (Beispiel: „Durch meine Freiwilligentätigkeit fühle ich mich besser.")
- **Schutzfunktion:** FWA schützt vor negativ erlebten Gefühlen und bietet Ablenkungen von Sorgen (Beispiel: „Die Freiwilligentätigkeit hilft mir dabei, eigene Probleme zu bewältigen.").

Zur Erfassung dieser Funktionen der Freiwilligenarbeit entwickelten Clary et al. (1998) ein entsprechendes Messinstrument als Fragebogen: das Volunteer Functions Inventory. Freiwillige stufen dabei für insgesamt fünf Aussagen pro Funktion ein, wie bedeutsam eben dieser Aspekt als Beweggrund für das eigene freiwillige Engagement ist. Die oben genannten Beispielaussagen stammen aus der deutschsprachigen Version dieses Instruments (Oostlander et al. 2014b). Das Volunteer Functions Inventory eignet sich nicht nur für vergleichende Forschung (zwischen Ländern oder verschiedenen Arten von Freiwilligenarbeit), sondern kann auch in der Praxis sinnvoll eingesetzt werden, etwa um sich einen Überblick auf die Motive der Freiwilligen in einer Organisation zu verschaffen. Studien, welche das Volunteer Functions Inventory einsetzten, berichten hohe Bedeutsamkeit der Werte- sowie Erfahrungsfunktion als Beweggründe für Freiwilligenarbeit (z. B. Oostlander et al. 2014a).

Wesentliche Annahmen des funktionalen Ansatzes über die Motivation für Freiwilligenarbeit sind:

- Verschiedene Menschen können dieselbe FWA ausüben können, wenngleich die zugrunde liegenden psychologischen Funktionen grundverschieden sein mögen.
- FWA kann für dieselbe Person verschiedene psychologische Funktionen gleichzeitig erfüllen.

Ein und dieselbe Tätigkeit kann sehr unterschiedliche Funktionen erfüllen. Eine Person mag in einem Krankenhaus im Besuchsdienst freiwillig tätig sein, um besorgten oder einsamen Menschen zu helfen und so persönliche Werte zum Ausdruck zu bringen. Für eine zweite Person mag dieses Engagement vor allem mit der Hoffnung verbunden sein, in diesem Krankenhaus in Zukunft auch einer Erwerbstätigkeit nachgehen zu können.

Voraussetzung für nachhaltiges und persönlich erfüllendes Engagement ist gemäß dem funktionalen Ansatz, dass eine Passung gelingt zwischen einerseits den Funktionen, welche die Freiwilligenarbeit für die engagierte Person erfüllen soll, und andererseits den Angeboten im Rahmen der jeweiligen Tätigkeit und Organisation (Stukas et al. 2009). Freiwillige, denen die Erfahrungsfunktion sehr wichtig ist, werden Angebote für Weiterbildung im Rahmen des Engagements oder die Möglichkeit, im Laufe der Zeit weitere herausfordernde Einsatzgebiete kennenlernen zu können, begrüßen. Personen, für die die Selbstwertfunktion bedeutend ist, werden hingegen stärker gesellige Anlässe und die Möglichkeit, gemeinsam mit anderen Freiwilligen eine Aufgabe übernehmen zu können, zu schätzen wissen. Für Personen mit einem starken Karrieremotiv schließlich stellt ein Tätigkeitsnachweis, in welchem die in der Freiwilligenarbeit erworbenen Kompetenzen und erbrachten Leistungen dokumentiert werden, die passende Antwort auf deren Erwartungen an das Engagement dar.

4.2   Erweiterungen des funktionalen Ansatzes

Die sechs Funktionen, welche eine Freiwilligentätigkeit für die handelnde Person erfüllen kann, lassen sich grob den Kategorien „Altruismus" (vor allem die Wertefunktion) bzw. „Altruismus" (etwa die Karrierefunktion) zuordnen. Diese Akzentuierung ist jedoch nicht entscheidend, da vielmehr die „Multifunktionalität" der Freiwilligenarbeit herausgestellt werden soll. Ebenso betont der funktionale Ansatz, dass der Kanon der sechs von Clary et al. (1998) vorgeschlagenen Funktionen keineswegs als abgeschlossen verstanden werden soll. Je nach Freiwilligentätigkeit und Lebenssituation der freiwillig Tätigen kann es nützlich sein, weitere Dimensionen zu ergänzen, um die Motive der Freiwilligen angemessen zu beschreiben. Zwei Erweiterungen des funktionalen Ansatzes sollen im Folgenden vorgestellt werden: erstens, die soziale Gerechtigkeitsfunktion und, zweitens, die Erlebnisfunktion.

Die Wertefunktion, wie sie mit dem Volunteer Functions Inventory gemessen wird, richtet sich deutlich an den Werten der Solidarität und des Mitgefühls mit Menschen aus, die sich in einer Notlage befinden. Zahlreiche Organisationen, in denen Freiwillige tätig sind, verfolgen das Ziel, politische und gesellschaftliche Bedingungen zu verändern, um bestimmte Notsituationen sozusagen an der Wurzel zu bekämpfen. Der Kampf für soziale Gerechtigkeit kann bei Freiwilligentätigkeiten etwa in Menschenrechtsorganisationen als starkes Motiv für das Engagement auftreten. Aus diesem Grund schlagen Jiranek et al. (2015) die **soziale Gerechtigkeitsfunktion** als Erweiterung des funktionalen Ansatzes vor. Empirisch können sie belegen, dass diese Motivfunktion zusätzlich zu den bereits etablierten Funktionen des Volunteer Functions Inventory die Absicht der Freiwilligen erklärt, sich weiterhin zu engagieren (Jiranek et al. 2013).

Ein zweites Beispiel für eine Ergänzung des funktionalen Ansatzes kommt aus einem deutlich anderen Bereich der Freiwilligenarbeit. Manche Freiwilligentätigkeiten bieten unmittelbar attraktive Gelegenheiten, etwas zu erleben, was in anderen Lebensbereichen so nicht möglich ist. Menschen, die sich etwa bei einem internationalen Großereignis wie den Olympischen Spielen oder Fußball-Meisterschaften als Freiwillige engagieren, erleben dieses einmalige oder seltene Ereignis hautnah mit, nehmen am Geschehen teil und bekommen einen exklusiven Einblick hinter die Kulissen der Veranstaltung. Mit anderen Worten, die Tätigkeit selbst hat einen hohen Belohnungswert für Personen, die sich für den jeweiligen Themenbereich interessieren. Güntert et al. (2013) beschreiben dieses Motiv für Freiwilligenarbeit als **Erlebnisfunktion** und zeigen, dass für Freiwillige, denen diese Erlebnisfunktion sehr wichtig ist, Aufgaben mit Gestaltungs- und Entscheidungsspielraum in besonderem Ausmaß erfüllend sind.

4.3   Unterschiedliche Nachhaltigkeit verschiedener Motive

Der funktionale Ansatz überwindet die vereinfachende Beschreibung der Motivation Freiwilliger im Sinne einer Dichotomie Altruismus versus Egoismus, die häufig mit einer Bewertung der Beweggründe als mehr oder weniger wünschenswert einhergeht. Nichtsdestotrotz lässt sich zeigen, dass die verschiedenen Motive unterschiedlich stark mit erfolgreicher Freiwilligenarbeit assoziiert sind.

Nicht alle Funktionen der Freiwilligenarbeit sind in gleichem Ausmaß mit Kriterien nachhaltigen Engagements verknüpft, wie eine Studie von Stukas et al. (2014) zeigt. Allen voran die Wertefunktion – das Motiv, sich aus Solidarität und Menschlichkeit sich für andere einzusetzen – korreliert stärker mit der Zufriedenheit, der Absicht, das Engagement fortzusetzen und auch der Gesundheit der Freiwilligen als Funktionen, bei welchen die Steigerung des Selbstwertgefühls oder unmittelbarer persönlicher Nutzen im Mittelpunkt stehen. Um diese Zusammenhänge interpretieren zu können, wird nachfolgend eine Motivationstheorie, die sog. **Selbstbestimmungstheorie,** vorgestellt, deren Kernaussage lautet: Manche Arten der Motivation gehen mit der Erfahrung von Freiheit und Selbstbestimmung einher, andere mit der Erfahrung von Fremdbestimmung und Kontrolle.

Die Kernidee der Selbstbestimmungstheorie (Deci und Ryan 2000; Gagné und Deci 2006; für einen Überblick in Bezug auf die Freiwilligenarbeit sei auf Güntert 2015, verwiesen): Motivation ist nicht nur ein quantitatives – warum ist jemand schwach, eine andere Person hingegen stark motiviert? –, sondern ebenso ein qualitatives Phänomen. Verschiedene Menschen können in gleichem Maße hoch motiviert eine Tätigkeit ausüben, jedoch begleitet von deutlich unterschiedlichem Erleben. Eine erste Person mag hoch konzentriert ein Problem lösen und dabei Flow erleben oder spüren, wie er oder sie kompetent und frei handeln kann. Eine zweite Person mag dieselbe Aufgabe ebenfalls hoch motiviert bearbeiten, ist jedoch stark von Leistungsdruck und der Sorge, der Wert der eigenen Person stünde auf dem Spiel, getrieben.

Im Wesentlichen unterscheidet die Selbstbestimmungstheorie zwischen einerseits selbstbestimmten und andererseits kontrollierten Arten der Motivation. An Beispielen aus dem Bereich der Freiwilligenarbeit seien diese Motivationsarten, im Sinne von Gründen dafür, sich bei einer bestimmten Tätigkeit anzustrengen, erläutert. Zwei Motivationsarten gehen mit der Erfahrung des Kontrolliert-Seins und der Fremdbestimmung einher:

- **Externale Regulation:** Das Verhalten steht unter Kontrolle von außen. Die handelnde Person erwartet von anderen Menschen Belohnungen für ein bestimmtes Verhalten oder hofft, Bestrafungen vermeiden zu können.
- **Introjizierte Regulation:** Zwar wird das Verhalten nicht direkt von den Forderungen und Verboten anderer Menschen beeinflusst, doch übernehmen Schuld- und Schamgefühle sowie übertriebene Erwartungen an einen selbst die Funktion der Verhaltensregulation. Werte und Erwartungen sind nicht verinnerlicht worden in dem Sinne, dass die handelnde Person sie sich zu eigen gemacht hat, sondern sind lediglich „nach innen geworfen" worden (daher: introjiziert).

Eine Schülerin, die sich intensiv um ein Amt in der Vorstandschaft ihres Sport-
vereins bemüht, da sie dringend diesen Eintrag in ihrem Lebenslauf benötigt, um
schwächere schulische Leistungen bei Bewerbungen zu kompensieren, wird ver-
mutlich stärker externale Regulation bei ihrem Engagement erleben.

Ein pensionierter Mann, der sich trotz zunehmender gesundheitlicher Einschrän-
kungen nicht darauf verzichten kann, als Freiwilliger einen Chor zu dirigieren, da
er sich vor der vermeintlichen Leere ohne diese Aufgabe fürchtet, wird introjizierte
Regulation erfahren – zumindest zusätzlich zu anderen Motivationsarten.

Zwei Arten der Motivation, die mit dem Erleben von Freiheit, Selbstbestimmung und Wahlmöglichkeit einhergehen, sind:

- **Identifizierte Regulation:** Der Wert eines Verhaltens ist vollständig verinnerlicht. Die handelnde Person kann sich mit den Zielen identifizieren und ver-
  steht, warum selbst weniger attraktive Aufgaben sinnvoll und notwendig sind.
- **Intrinsische Motivation:** Das Ausführen der Aufgabe selbst, die Tätigkeit
  an sich ist bereits befriedigend. Die handelnde Person zeigt starkes Interesse
  an der Tätigkeit und fühlt sich optimal herausgefordert, d. h. sie ist weder
  gelangweilt noch überfordert, und geht in der Tätigkeit auf.

Eine Freiwillige, die trotz Anfeindungen die Mühe auf sich nimmt, Unterschriften
für die Aktion einer Tierschutzorganisation zu sammeln, da die Ziele dieser Organisation mit zentralen Werten in ihrem Leben in Einklang stehen, wird identifizierte Regulation als Motivationsart erleben.

Ein Freiwilliger, der Museumsbesuche für Seniorinnen und Senioren organi-
siert, da er Freude am geselligen Zusammensein mit anderen hat, Neugier und
Wissensdurst verspürt und nicht zuletzt die Herausforderung schätzt, Ausflüge zu
planen, wird häufig bei der Tätigkeit intrinsische Motivation erleben.

Abb. 4.1 ordnet die verschiedenen Motivationsarten der erlebten Qualität von
Selbstbestimmung bzw. Kontrolle zu. Außerdem wird gezeigt, dass *extrinsische
Motivation* komplementär zur intrinsischen Motivation zu verstehen ist; es handelt sich jedoch nicht um einen einfachen Gegensatz. Von extrinsischer Motivation spricht man, wenn eine Handlung Mittel ist, um ein davon unabhängiges Ziel
zu erreichen, und nicht als Selbstzweck betrachtet werden kann. Doch dies kann
durchaus mit dem Gefühl der Selbstbestimmung einhergehen, wie das Beispiel
des Unterschriften-Sammelns aus Überzeugung für den guten Zweck der Aktion
illustriert.

Die vorgestellten vier Arten der Motivation im Sinne der Selbstbestimmungstheorie hängen unterschiedlich stark mit Kriterien nachhaltigen Engagements
zusammen. Tab. 4.1 zeigt für drei Stichproben aus verschiedenen Studien die

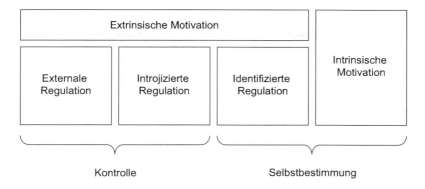

Abb. 4.1 Vier Motivationsarten im Sinne der Selbstbestimmungstheorie und deren Zuordnung zur Erfahrung von Selbstbestimmung versus Kontrolle

Tab. 4.1 Korrelationen zwischen Motivationsarten und Indikatoren erfolgreicher Freiwilligenarbeit

Stichprobe und Zielgröße	Intrinsische Motivation	Identifizierte Regulation	Introjizierte Regulation	Externale Regulation
Gesundheitsbereich (N = 124; Millette und Gagné 2008)				
Zufriedenheit	0.33**	0.23**	0.03	−0.22*
Absicht, die Organisation zu verlassen	−0.17†	−0.20*	−0.18*	0.17†
Leistung	0.07	0.09	−0.02	−0.03
Sozialwesen und Bildung (N = 349; Haivas et al. 2012)				
Zufriedenheit	0.50**	0.29**	0.14**	0.07**
Absicht, die Organisation zu verlassen	−0.18**	−0.16**	−0.16*	0.02
Arbeitsfreude	0.31**	0.37**	0.11**	−0.27**
Gesundheit und Sozialwesen (N = 1845; vgl. Oostlander et al. 2014b)				
Absicht, die Tätigkeit fortzusetzen	0.19**	0.12**	0.05*	0.03
Arbeitsfreude	0.58**	0.45**	0.34**	0.24**

Die Tabelle wurde leicht angepasst übernommen aus Güntert (2015).
† p<0.10. * p<0.05.** p<0.01.

Korrelationen zwischen einerseits den vier Motivationsarten und andererseits verschiedenen Merkmalen erfolgreicher Freiwilligenarbeit. Intrinsische Motivation und identifizierte Regulation hängen deutlich positiv mit wünschenswerten bewerteten Zielgrößen sowie negativ mit der Absicht, die Organisation zu verlassen zusammen. Wenngleich bei den kontrollierten Arten der Motivation die Zusammenhänge ein weniger eindeutiges Muster zeichnen, so fallen die Zusammenhänge mit den Zielgrößen durchgängig schwächer aus.

Zusammengefasst findet die Annahme der Selbstbestimmungstheorie Unterstützung, dass es auch im Bereich der Freiwilligenarbeit nicht nur auf die Stärke, sondern auch auf die Qualität der Motivation ankommt. Vor diesem Hintergrund begründen Güntert et al. (2016), dass die verschiedenen Funktionen der Freiwilligenarbeit, wie sie in Abschn. 4.1 beschrieben wurden, gerade deshalb unterschiedlich mit nachhaltigem Engagement zusammenhängen, weil sie jeweils charakteristisch mit selbstbestimmten bzw. kontrollierten Arten der Motivation verbunden sind. Abb. 4.2 verdeutlicht diese Zusammenhänge.

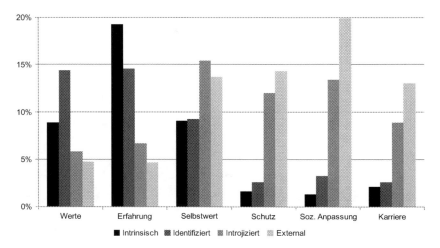

Abb. 4.2 Zusammenhang zwischen Funktionen der Freiwilligenarbeit (im Sinne des funktionalen Ansatzes) und verschiedenen Arten der Motivation (im Sinne der Selbstbestimmungstheorie), basierend auf Güntert et al. (2016); $N = 824$. Dargestellt sind Anteile gemeinsamer Varianz (quadrierte Korrelationen); alle gezeigten Zusammenhänge sind positiv und statistisch signifikant von null verschieden sind; bei 1 % gemeinsamer Varianz spricht man von schwachen, bei 9 % von mittleren und bei 25 % von starken Zusammenhängen

Die Werte- sowie die Erfahrungsfunktionen zeigen starke positive Zusammenhänge mit selbstbestimmter Motivation. Für die anderen vier Funktionen, die von Clary et al. (1998) beschrieben werden, zeigt sich das umgekehrte Bild: Diese hängen stärker mit kontrollierten als mit selbstbestimmten Arten der Motivation zusammen. Das Motiv, Werte der Solidarität und Menschlichkeit durch das Engagement ausdrücken zu wollen, spiegelt sich in starker identifizierter Regulation wider. Bei der Erfahrungsfunktion, dem Motiv, Neues erlernen und Erfahrungen sammeln zu wollen, zeigt sich ein starker Zusammenhang mit intrinsischer Motivation.

Es ist nicht gerechtfertigt, bestimmte Beweggründe für Freiwilligenarbeit aufgrund dieser Zusammenhangsmuster als grundsätzlich problematische Motive zu kennzeichnen. Der Befund unterstreicht jedoch die Bedeutung der Erfahrung von Selbstbestimmung in der Freiwilligenarbeit, da die beiden bedeutsamsten Beweggründe für dieses Engagement eng mit der selbstbestimmten Qualität von Motivation verbunden sind: sowohl die eher „altruistisch" konnotierte Wertefunktion als auch die stärker selbstbezogene Erfahrungsfunktion.

Die Selbstbestimmungstheorie wird häufig dahin gehend missverstanden, dass intrinsische Motivation als prioritäres Ziel von Aufgabengestaltung und Führung gesetzt werden soll. Es ist nicht vorstellbar, menschliches Handeln auf allein intrinsisch motivierte Tätigkeiten zu begrenzen. Viele Aufgaben – gerade auch in der Freiwilligenarbeit – sind nicht unmittelbar befriedigend, interessant und optimal herausfordernd, sondern in erster Linie Mittel zum Zweck. Die Aufgabe, Käfige in einem Tierheim zu reinigen, ist für wenige Freiwillige intrinsisch motivierend, aber für viele, die sich dort engagieren, eine sinnvolle und notwendige Tätigkeit, die selbstbestimmt und in Einklang mit den eigenen Werten übernommen werden kann. Intrinsische Motivation ist lediglich *eine* Art selbstbestimmter Motivation, identifizierte Regulation jedoch eine gleichermaßen bedeutende.

In gewisser Weise wird selbstbestimmte Motivation von Freiwilligen in die Tätigkeit „mitgebracht", sodass der Anschein erweckt werden mag, die Beschäftigung mit Selbstbestimmung in der Freiwilligenarbeit sei überflüssig. Freiwilligenarbeit braucht keinen Lebensunterhalt zu sichern oder eine berufliche Laufbahn voranzubringen. Es ist anzunehmen, dass Freiwillige freier als im Kontext der Erwerbsarbeit nach Interessen und Wertvorstellungen über die Aufnahme einer Tätigkeit und die Art der Organisation entscheiden können. Einerseits sollte daher die Erfahrung von Fremdbestimmung und Kontrolle in der Freiwilligenarbeit seltener gemacht werden. Andererseits ist es aus Sicht der Organisationen, die mit Freiwilligen zusammenarbeiten, umso wichtiger, genau diese Stärke der Freiwilligenarbeit, selbstbestimmtes Handeln zu ermöglichen, zu bewahren, da Freiwillige nicht durch die Notwendigkeiten einer Erwerbsarbeit an diese Tätigkeit gebunden sind. Wie es gelingen kann, diese Qualität der Motivation aufrechtzuerhalten, wird in Kap. 5 behandelt.

Gestaltung von Freiwilligenarbeit

5

Die Tatsache, dass Freiwillige ohne finanzielle Gegenleistung motiviert sind, in Organisationen mitzuarbeiten, bedeutet keinesfalls, dass es unnütz ist, sich die Frage zu stellen, wie diese Arbeit motivationsförderlich gestaltet werden kann. Dieses Kapitel stellt zunächst die Idee vor, Freiwilligenarbeit als Prozess zu begreifen, den Organisationen mitgestalten können (Abschn. 5.1). Im Anschluss werden mit den drei psychologischen Grundbedürfnissen Konzepte vorgestellt, an denen sich gestalterische Maßnahmen generell ausrichten können (Abschn. 5.2). Abschließend wird die Gestaltung von Aufgaben und organisationalen Rahmenbedingungen diskutiert sowie deren Zusammenhang mit nachhaltigem freiwilligen Engagement aufgezeigt (Abschn. 5.3).

5.1 Freiwilligenarbeit als Prozess

Die Beweggründe, überhaupt eine Freiwilligentätigkeit zu beginnen, wurden in Kap. 4 diskutiert. Der dort vorgestellte funktionale Ansatz nimmt an, dass Freiwillige ihr Engagement dann fortsetzen werden, wenn es zu einer Passung zwischen der jeweiligen Freiwilligentätigkeit eben jenen Funktionen kommt, die für die Freiwilligen persönlich bedeutend sind (Clary et al. 1998).

Die Entscheidung zu Beginn, freiwillig tätig zu werden, sollte von der Bereitschaft, weiter dabei zu bleiben und Anstrengung zu zeigen, unterschieden werden. Im Prozess des freiwilligen Engagements zeigen sich neue Einflussfaktoren auf die Motivation. Die konkrete Ausgestaltung der Aufgaben, die Freiwillige übernehmen, das Verhalten der Koordinationsperson für Freiwilligenarbeit, der Kontakt mit den Personen, denen das Engagement zugutekommen soll, die Zusammenarbeit mit anderen Freiwilligen und beruflichen Mitarbeitenden der Organisation, die Reaktionen des persönlichen Umfelds sowie die Politik und

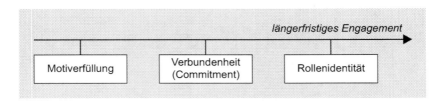

Abb. 5.1 Funktionaler Ansatz und Rollenidentitätstheorie im zeitlichen Zusammenhang; Abbildung übernommen aus van Schie et al. (2015)

Strategie der Organisation insgesamt: Diese Faktoren und etliche mehr wirken sich darauf aus, ob sich im Laufe des Engagements ein Gefühl der Verbundenheit, ob sich „Commitment" zur Organisation entwickelt. Abb. 5.1 veranschaulicht diese Prozess-Perspektive auf die Freiwilligenarbeit.

Für Freiwillige, die über eine längere Zeit hinweg in einer Organisation mitarbeiten, wird die Rolle, die sie dabei ausfüllen, zu einem wesentlichen Teil der eigenen Identität (Penner 2002). Grube und Piliavin (2000) unterscheiden zwischen einer generellen Rollenidentität als Freiwillige/r und einer organisationsspezifischen Rollenidentität. Wird diese Stufe im Prozess der Freiwilligenarbeit erreicht, so wird das Engagement selbst bei Widrigkeiten und Enttäuschungen nicht so leicht infrage gestellt, da die Freiwilligentätigkeit einen wichtigen Aspekt der eigenen Persönlichkeit zum Ausdruck bringt. In der stärksten Ausprägung bedeutet Rollenidentität, dass die jeweilige Person in dieser Tätigkeit – neben anderen Rollen selbstverständlich – der Mensch sein kann, der man wahrhaft ist oder sein möchte. Für Organisationen, die mit Freiwilligen zusammenarbeiten möchten, ist es wichtig, die Entwicklung einer organisationsspezifischen Rollenidentität zu fördern, denn Freiwillige, die zwar eine generelle Rollenidentität entwickelt haben und denen ein bestimmter guter Zweck am Herzen liegt, könnten auch für andere Organisationen, die sich diesem Zweck widmen, tätig werden. In einer Längsschnittstudie zeigen Güntert und Wehner (2015), dass die Qualität der Motivation im Sinne von Selbstbestimmung (vgl. Abschn. 4.3) dazu beiträgt, dass sowohl eine generelle als auch eine organisationsspezifische Rollenidentität als Freiwillige/r entsteht und erhalten werden kann.

5.2 Drei psychologische Grundbedürfnisse als Orientierung

Die Selbstbestimmungstheorie wurde in Abschn. 4.3 vorgestellt, um eine Erklärung anzubieten, warum bestimmte Motive für Freiwilligenarbeit mehr als andere Motive mit wünschenswerten Zielgrößen einhergehen. Wenn es jedoch darum geht, Freiwilligenarbeit so zu gestalten, dass sie für die Freiwilligen selbst erfüllend ist und nützlich für die Menschen und Organisationen, denen sie zugutekommt, bietet die Selbstbestimmungstheorie weitere Konzepte an, welche bei Gestaltungsmaßnahmen Orientierung bieten.

Aus etlichen Studien zu den selbstbestimmten bzw. kontrollierten Arten der Motivation konnte ein Menschenbild destilliert werden, welches drei psychologische Grundbedürfnisse in den Mittelpunkt stellt. Die Befriedigung dieser Grundbedürfnisse wird als notwendig angesehen, damit Menschen ein erfüllendes Leben – geprägt von Selbstbestimmung und Freiheit – gelingen kann. Diese psychologischen Bedürfnisse werden als grundlegend angesehen, vergleichbar etwa dem physiologischen Grundbedürfnis nach Nahrung, auf dessen Befriedigung ebenfalls nicht dauerhaft verzichtet werden kann, ohne dass Menschen Schaden nehmen. Im Unterschied zu physiologischen Bedürfnissen jedoch, erschöpfen sich psychologische Bedürfnisse nicht in der Befriedigung, sondern regen dauerhaft zum Handeln an und verleihen dem Leben Energie.

Drei psychologische Grundbedürfnisse werden benannt (vgl. Deci und Ryan 2000):

- **Bedürfnis nach Kompetenz:** Menschen streben danach, kompetent mit der sozialen und dinglichen Umwelt umzugehen; die eigenen Fertigkeiten und Fähigkeiten zu erweitern, ist ein Grundbedürfnis des Menschen.
- **Bedürfnis nach Autonomie:** Menschen streben danach, sich selbst als Ursprung des eigenen Handelns zu erfahren; Wahlmöglichkeiten zu haben und keinem Zwang ausgesetzt zu sein, wird als Grundbedürfnis angesehen.
- **Bedürfnis nach Beziehung:** Menschen sind für eine gesunde psychische Entwicklung darauf angewiesen, sich eingebunden zu fühlen in enge und häufig gepflegte Beziehungen zu anderen Menschen.

Diese drei Grundbedürfnisse können in verschiedenen Lebenskontexten entweder befriedigt oder frustriert werden. Von der Befriedigung der Bedürfnisse hängt ab, ob selbstbestimmte Motivation erlebt werden kann. Ein Beispiel soll dies verdeutlichen: Ein Freiwilliger wird sehr gut in seinen Aufgabenbereich einführt und hat die Möglichkeit, sich kontinuierlich weiterzubilden, um im Laufe des Engagements neue Aufgaben übernehmen zu können (Bedürfnis nach Kompetenz). Die Koordinationsperson ermuntert den Freiwilligen, eigene Entscheidungen zu treffen, reagiert ehrlich interessiert bei Fragen, selbst wenn diese eine Kritik beinhalten, und verzichtet auf eine enge Überwachung der Freiwilligen (Bedürfnis nach Autonomie). Schließlich fühlt sich der Freiwillige als Teil eines Teams; die Atmosphäre ist von gegenseitigem Respekt geprägt; es gibt andere Personen bei der Freiwilligenarbeit, mit denen er auch über persönliche Themen offen sprechen kann; und auch geselliges Zusammensein findet seinen Platz (Bedürfnis nach Beziehung). Gemäß Selbstbestimmungstheorie sind somit die Voraussetzungen geschaffen, erstens für intrinsische Motivation (die Erfahrung optimaler Herausforderung und das Erleben des Aufgehens in der Tätigkeit), zweitens für identifizierte Regulation (die Einsicht in die Notwendigkeit und den Sinn verschiedener Aufgaben, selbst wenn diese uninteressant oder sogar unangenehm sind).

Die drei psychologischen Grundbedürfnisse können als generelle Anregungen verstanden werden, wie sich Freiwilligentätigkeiten motivierender gestalten lassen. Das nachfolgende Kapitel stellt spezifische Konzepte vor, die bei der Gestaltung von Freiwilligenarbeit genutzt werden können.

5.3   Gestaltung von Aufgaben und organisationalen Rahmenbedingungen

Bei der Gestaltung von Freiwilligenarbeit kann auf die reichhaltige Erfahrung der Arbeits- und Organisationspsychologie im Kontext der Erwerbsarbeit zurückgegriffen werden (für eine Übersicht diverser Konzepte sei auf van Schie et al. 2015, verwiesen). Zwar sollten Theorien nicht blind übertragen, sondern stets die grundlegenden Besonderheiten der Freiwilligenarbeit miteinbezogen werden; dennoch lohnt es sich für Praktikerinnen und Praktiker, etablierte Ansatzpunkte etwa bei der Aufgabengestaltung zu kennen.

Ein klassisches Konzept zur Bewertung und Gestaltung von Aufgaben, welches auch nach 40 Jahren zur Orientierung genutzt wird, ist das Job Characteristics Model nach Hackman und Oldham (1976). Dieses Modell benennt fünf Tätigkeitsmerkmale, die das Motivationspotenzial einer Arbeitstätigkeit ausmachen (die nachfolgenden Beispielaussagen sind in Bezug auf eine Freiwilligentätigkeit, FT, formuliert):

1. **Anforderungsvielfalt** („In meiner FT mache ich sehr viele verschiedene Dinge")
2. **Aufgabengeschlossenheit** („Meine FT ist so aufgebaut, dass ich einen vollständigen Arbeitsvorgang von Anfang bis Ende durchführe")
3. **Bedeutsamkeit der Aufgabe** („Meine FT wirkt sich bedeutsam auf das Leben anderer Menschen aus")
4. **Autonomie** („Bei meiner FT kann ich viele Entscheidungen selbständig treffen")
5. **Rückmeldung** aus der Tätigkeit selbst („Bei der Ausführung meiner FT kann ich leicht feststellen, wie gut ich arbeite")

Freiwilligentätigkeiten mit hohem Motivationspotenzial stärken sowohl intrinsische Motivation als auch die identifizierte Regulation von Aufgaben, die in erster Linie nützlich und notwendig, aber nicht unbedingt interessant sind. Dass sich Aufgabengestaltung auch im Bereich der Freiwilligenarbeit lohnt, um nachhaltiges Engagement zu unterstützen, zeigen mehrere Studien (z. B. Millette und Gagné 2008; Neufeind et al. 2013; van Schie et al. 2015).

Freiwilligenarbeit motivationsförderlicher zu gestalten, bedeutet keinesfalls, dass sämtliche Aufgaben kognitiv herausfordernder zu werden brauchen. Auch einfachere Aufgaben lassen sich zu ganzheitlichen Aufgaben-Paketen zusammenstellen und Spielraum für selbstständiges Entscheiden kann auch bei weniger komplexen Aufgaben eingeräumt werden. Eine besondere Herausforderung stellen die Tätigkeitsmerkmale „Bedeutsamkeit" und „Rückmeldung" dar. Die Bedeutsamkeit der Aufgabe für das Leben anderer Menschen erscheint bei vielen Freiwilligentätigkeiten als so offensichtlich, dass man annehmen könnte, hier nicht aktiv werden zu müssen. Nichtsdestotrotz lohnt es, kreative Wege zu finden, wie die Beziehung zwischen Freiwilligen und Empfängerinnen und Empfängern gestärkt und die Wirkung der Freiwilligenarbeit besser sichtbar gemacht werden kann. Das Konzept des „relational job design" (Grant 2007) liefert in diesem Punkt wertvolle Inspiration.

Die Gestaltung der Aufgaben in der Freiwilligenarbeit ist ein wichtiger erster Ansatzpunkt für die Förderung selbstbestimmter Motivation und damit auch der Entwicklung der Rollenidentität Freiwilliger. „Aktive Motivationsförderung" ist jedoch aus einem weiteren Grund besonders wichtig in der Freiwilligenarbeit: Jenseits der Kernaufgaben, bei welchen der Bezug zum guten Zweck, für den man sich engagiert, in der Regel gut erkennbar sein sollte, fallen in Organisationen immer auch Aufgaben und Auflagen an, welche für die Abläufe in der Organisation notwendig sind, jedoch aus Sicht der Freiwilligen u. U. wenig mit ihren Beweggründen für das Engagement zu tun haben. Manche Freiwillige können auf diese Aspekte, die aus der Erwerbsarbeit bekannt sind, überraschend empfindlich reagieren.

Diese Herausforderung leitet auf die besondere Bedeutung der Führung in der Freiwilligenarbeit über. Regeln und Strukturen, die zu stark an abhängige Erwerbsarbeit erinnern, können bei Freiwilligen auf Reaktanz stoßen. Umso wichtiger ist ein Führungsverhalten, welches Autonomie unterstützt und damit die selbstbestimmte Motivation der Freiwilligen fördert (Oostlander et al. 2014a). Welche Verhaltensweisen sind damit gemeint? Regeln und Strukturen müssen ehrlich erklärt werden. Wann immer es möglich ist (und es ist oft möglich), sollte Spielraum, selbst zu entscheiden oder auszuwählen, eingeräumt werden. Vertrauen in die Fähigkeiten und die Eigenverantwortung der Freiwilligen sollte gezeigt und zu Fragen und Kritik eingeladen werden. Ehrliches Interesse an den Ideen der Freiwilligen sollte zu einem partnerschaftlichen Austausch führen.

In Organisationen, in welchen sowohl Freiwillige als auch berufliche Mitarbeitende tätig sind, ist besondere Sensibilität gefordert, wenn es um die Zuteilung von Aufgaben geht. Aufgaben können als illegitim wahrgenommen werden, da sie entweder als unnötig oder vor dem Hintergrund der eigenen Rolle als Freiwillige/r als unzumutbar interpretiert werden. Beide Aspekte von Illegitimität zeigen starke negative Zusammenhänge mit der Absicht, sich weiterhin freiwillig zu engagieren (van Schie et al. 2014).

Zusammengefasst zeigen zahlreiche Studien, dass selbstbestimmtes und nachhaltiges Engagement Freiwilliger kein Selbstläufer ist, dass jedoch etliche Ansatzpunkte vorhanden sind, um motivierende und erfüllende Freiwilligenarbeit zu fördern.

Freiwilligenarbeit als psychosoziale Ressource

6

Es mag paradox anmuten, dass das unentgeltliche Zur-Verfügung-stellen von Zeit als Quelle für psycho-physiologisches Wohlbefinden beizutragen vermag – aber genau dies lässt sich empirisch belegen: Freiwilligenarbeit (FWA) kann – wie das letzte Kapitel des *essentials* zeigen soll – als **psychosoziale Ressource** gesehen werden. Das bedeutet:

- FWA dient als Ergänzung oder Ausgleich zu anderen Tätigkeitsbereichen, allen voran zur Erwerbsarbeit;
- FWA kann zum Erhalt der Gesundheit und zur Steigerung des Wohlbefindens beitragen;
- FWA geht in der Regel mit einer guten Vereinbarkeit von bezahltem und unbezahltem Tätigsein einher (Work-Life-Balance).

Das Potenzial von FWA als psychosoziale Ressource möchten wir mit dem **salutogenetischen** Ansatz von Antonovsky (1987) erläutern. Diesem empirisch gut gesicherten Modell zufolge ist Gesundheit nicht als Zustand, sondern als anhaltender Prozess zu verstehen, in dem die psychosozialen Ressourcen, die dem Individuum zur Verfügung stehen, geschützt und verstärkt werden. Psychosoziale Ressourcen umfassen: „solche kognitiven, emotionalen und sozialen Potenziale von Frauen und Männern, die einerseits zur Verbesserung der Lebensqualität beitragen […] und andererseits günstige Voraussetzungen zur Bewältigung von gesundheitlichen Belastungen […] darstellen" (Brehm et al. 2002, S. 10). Die Verfügbarkeit solcher Ressourcen ist stark von den Lebensumständen einer Person abhängig. Der Erwerbsarbeitskontext ist dabei besonders wichtig. Dies zeigt sich konkret in der Organisationskultur und Arbeitsgestaltung des jeweiligen Arbeitsplatzes – ganz gleich ob es sich um EWA oder FWA handelt. Ressourcen wie

© Springer Fachmedien Wiesbaden GmbH, ein Teil von Springer Nature 2018
T. Wehner et al., *Freiwilligenarbeit,* essentials,
https://doi.org/10.1007/978-3-658-22174-4_6

Autonomie, Anerkennung, Feedback, Sinnhaftigkeit und soziale Unterstützung in der Tätigkeit wirken sich schützend auf die psychische, physische und soziale Gesundheit aus.

6.1   Gründe für die Vereinbarkeit von Erwerbs- und Freiwilligenarbeit

Wir nehmen in Übereinstimmung mit Greenhaus und Powell (2006) an, dass Personen von unterschiedlichen, sich ergänzenden Rollen in unterschiedlichen Lebensbereichen profitieren können (vgl. Brauchli und Wehner 2015). Dies kann mit unterschiedlichen psychologischen Annahmen erklärt werden.

- *Additives Modell:*
  Dieses Konzept schlägt vor, dass Erfahrungen aus unterschiedlichen Lebensbereichen additive Effekte auf unser Wohlbefinden haben: FWA kann zusätzlich zur EWA und anderen wichtigen Lebensbereichen und sozialen Rollen zu Glück, Wohlbefinden und zur Lebenszufriedenheit beitragen.
- *Puffermodell:*
  Dieser Ansatz schlägt vor, dass die Partizipation in unterschiedlichen Lebensbereichen eine gegenseitige, den Stress puffernde Wirkung haben kann: FWA besitzt ein hohes Potenzial für eine solche Pufferwirkung, da sie als Quelle von Zufriedenheit und Wohlbefinden für diejenigen, die sie ausführen, wirkt.
- *Synergistisches Modell:*
  Diese Variante schlägt vor, dass die Erfahrungen, die wir in einem Lebensbereich (FWA, Hobby) sammeln, einen Gewinn für andere Lebensbereiche (EWA) generieren können im Sinne eines Transfers positiver Erfahrungen.

Obwohl Rollentheorien (Grzywacz und Marks 2000) nahelegen, dass ein Mehr an Rollen und Tätigkeitsbereichen auch zu einem Mehr an Konflikten führt, postulieren wir, dass sich FWA im Zusammenspiel unterschiedlicher Lebensbereiche insgesamt eher positiv auswirkt und sehen hierfür drei Gründe:

1. *Stresspufferpotenzial*
   FWA kann die Wahrnehmung von Stressoren beeinflussen. Stressoren aus dem Arbeits- oder familiären Umfeld etwa, die als irrelevant erachtet werden, haben einen reduziert negativen Einfluss auf die Gesundheit und das Wohlbefinden (Lazarus und Folkman 1984). Freiwillig Engagierte bewerten potenziell stressreiche Situationen möglicherweise als weniger relevant (Mojza und Sonnentag 2010).

2. *Ressourcenaufbaupotenzial*
   Durch ihre FWA können Personen Ressourcen wie soziale Unterstützung, Selbstwirksamkeit und Selbstvertrauen aufbauen (Brauchli et al. 2012). Diese können nicht nur direkt in andere Lebensbereiche transferiert werden (Hobfoll 2011), sondern sie helfen auch, mit Stressoren umzugehen.
3. *Erholungspotenzial*
   FWA erleichtert es den Personen, die sie ausführen, sich zu erholen, indem verbrauchte Ressourcen, durch Betätigung in einem andern Interessensgebiet, regeneriert werden (Sonnentag und Zijlstra 2006).

6.2 Wann und warum hält Freiwilligenarbeit gesund?

Zu dieser Frage bietet Abb. 6.1 einen Überblick über Wirkfaktoren und Zusammenhänge, die aus der wissenschaftlichen Literatur bekannt sind. Die *Wann*-Frage betrifft dabei die kontextuellen Faktoren der FWA, wie wir sie bereits im Kap. 2 beschrieben haben, sodass wir hier auf die *Warum*-Frage eingehen. Die Befunde, die der Abb. 6.1 zugrunde liegen, beruhen in der Regel auf Längsschnittstudien (vgl. Ramos und Wehner 2015) und stützen sich auf Selbstauskünfte, Anzeichen von Belastungsstörungen (Ängste) oder diagnostizierte Krankheiten (Bluthochdruck).

Den aus unserer Sicht zentralen Erklärungsansatz finden wir – wie eingangs erwähnt – einerseits im salutogenetischen Ansatz und andererseits in der Selbstbestimmungstheorie, die ebenfalls bereits im Zusammenhang mit den Motiven der Freiwilligenarbeit vorgestellt wurde (vgl. Kap. 4). Im Folgenden wollen wir noch weitere potenzielle Wirkmechanismen vorstellen, die in Abb. 6.1 berücksichtig sind.

6.2.1 Soziale Eingebundenheit, Sinnstiftung und positive emotionale Befindlichkeit

Soziale Eingebundenheit ist vielleicht der wichtigste Wirkmechanismus im Zusammenhang mit psychosozialem Wohlbefinden. Der Begriff soziale Gesundheit gewinnt hierbei besondere Relevanz, da angenommen wird, dass sie zu einer besseren psychischen Gesundheit beiträgt. So löst die in der FWA erlebte soziale Eingebundenheit positive Emotionen aus, die sich in eine dauerhafte positive Gemütsverfassung umwandeln können. Dies wiederum verstärkt den sozialen Kontakt und verhindert, dass das Individuum bspw. in soziale Isolation gerät. Theorien der sozialen Integration (Blau 1960) sowie die Aktivitätstheorie (Gubrium 1972) untermauern dieses Bedürfnis nach sozialem Kontakt und Integration.

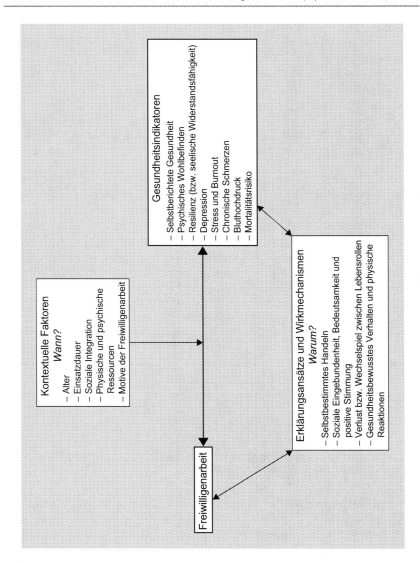

Abb. 6.1 Darstellung der kontextuellen Faktoren und Wirkmechanismen zwischen Freiwilligenarbeit und Gesundheit. Die Doppelpfeile lassen die Kausalitätsrichtung offen, d. h. es werden bidirektionale Einflüsse erwogen. Der Pfeil auf den Pfeil bezeichnet den Einfluss von kontextuellen Faktoren auf die Beziehung zwischen FWA und Gesundheit. (Quelle: Abb. 7.1 aus Ramos und Wehner 2015)

Zu den wesentlichen Befunden in diesem Zusammenhang zählen (vgl. Ramos und Wehner 2015):

- FWA übt durch soziale Integration einen mildernden Einfluss auf depressive Verstimmungen aus.
- FWA führt aufgrund erhöhter Bedeutsamkeitswahrnehmung zu psychischem Wohlbefinden und selbstberichteter Gesundheit.
- FWA geht auf Dauer mit gesteigertem Glücksempfinden, höherem Selbstwertgefühl, mehr Lebenszufriedenheit und einer erfolgreicheren Bewältigung von Aufgabenanforderungen einher.

6.2.2   Lebensrollen

Mit dem Rollenansatz wird einerseits der Verlust von **Lebensrollen** untersucht, wie er bspw. mit dem Alter verbunden ist, und andererseits die Wechselwirkung zwischen verschiedenen Lebensrollen, wie sie etwa zwischen EWA und der Familienrolle zu beobachten ist. Die sog. Role-Enhancement-These postuliert (Grzywacz und Marks 2000; Greenhaus und Powell 2006), dass die unterschiedlichen sozialen Rollen einer Person ihre Identität, ihren Selbstwert und ihre Ressourcen verstärken können, was der Bewältigung von Belastungen zugutekommen soll. Dies ist der Fall in der FWA, die eine zusätzliche Rolle im Leben einer Person darstellt und andere Rollen ergänzt oder Defizite bei der Ausübung anderer Rollen kompensiert.

Zu den wesentlichen Befunden in diesem Zusammenhang zählen (vgl. Ramos und Wehner 2015):

- Freiwillige berichten höhere Zufriedenheit mit ihrer Ehe und ihrem Familienleben.
- FWA korreliert positiv mit Erwerbsarbeitsengagement, was wiederum mit einer besseren Arbeitsleistung zusammenhängt.
- Ältere Freiwillige sind funktionstüchtiger und weniger depressionsanfällig als Nichtfreiwillige im gleichen Alter, sie weisen aber nicht weniger diagnostizierte Krankheiten auf.
- Freiwillige eignen sich bessere Bewältigungsmechanismen für Beruf und Alltag an und bauen stärkere soziale Netzwerke auf, welche ihnen einen gelungenen Umgang mit ihren Lebensumständen ermöglichen.

6.3 Work-Life-Balance

Die letzten Jahrzehnte sind gekennzeichnet durch erhebliche Veränderungen sozialer, ökonomischer und technologischer Strukturen. Dieser Wandel hatte und hat zur Folge, dass einzelne individuell bedeutsame Lebensbereiche wie Beruf, Familie, Freunde, Hobbys oder formelle und informelle FWA in Einklang gebracht werden müssen (vgl. z. B. Greenhaus und Allen 2010). Nach Brauchli und Wehner (2015) bedeutet Vereinbarkeit, dass die Lebensbereiche je nach persönlichen Bedürfnissen, Zielen und Gegebenheiten mehr oder weniger stark voneinander abgegrenzt (Segmentation) oder mehr oder weniger stark integriert (Integration) werden. Diese Präferenzen schließen sich nicht aus, sondern können – je nach Lebensumständen – mehr oder weniger stark ausgeprägt sein. Sind wir dabei erfolgreich, spricht man von einer ausgewogenen **Work-Life-Balance,** auch wenn dieser Begriff missverständlich ist, da er zum einen eine scharfe Grenze zwischen und eine Dichotomie von EWA und Leben suggeriert und zum anderen wichtige Lebensbereiche (Hobby, FWA, Bildungsarbeit) nicht expliziert.

6.3.1 Aussagen zu Work-Life-Balance und Freiwilligenarbeit

FWA lässt erwarten, dass sie sich günstig auf andere Lebensbereiche auswirkt und somit in besonderem Maße zur Work-Life-Balance beiträgt. Trotzdem – so Brauchli und Wehner (2015) – sollte kritisch hinterfragt und die Möglichkeit in den Raum gestellt werden, dass sich FWA auch als Belastung erweisen könnte.

Zu dieser Frage interviewte Ketterer (2011) Freiwillige ohne elterliche Verpflichtungen in England. Auch für diese Personengruppe ist die Vereinbarkeit verschiedener Lebensbereiche von großer Bedeutung. Die Aussagen können mehr oder weniger als typisch gelten.

- „Meine ideale Karriere wäre, meinen Beruf drei Tage die Woche zu machen, dann vielleicht einen Tag der Woche beratend tätig zu sein und einen weiteren Tag Freiwilligenarbeit zu machen. Das würde mir so etwas wie eine Balance geben."
- „Ich habe nicht gerne zu viel zu tun und das Gefühl, ich schaffe es nicht. Aber meine Freiwilligenarbeit neben meiner Arbeit gibt mir dieses Gefühl nicht. Sie ist einfach etwas, das mir Freude macht und fühlt sich gut an."
- „Solange die Freiwilligenarbeit in einem Paket daherkommt, sodass ich sie einbauen kann in meinen Alltag, solange ich weiß, wie viel Zeit ich ungefähr

noch habe und ich sagen kann, wann ich zu Hause sein werde, dann ist es in Ordnung."

- „Ich muss dafür sorgen, dass ich nicht über meine Arbeit nachdenke, wenn ich da hineingehe; dass ich eine Trennung habe zwischen meinem beruflichen und meinem Privatleben. So schaffe ich mir selbst diese Balance."

6.3.2   Neuere Befunde

Die Analyse von Daten des Schweizer Haushalt-Panels (Schweizer Haushalt-Panel 2009) zeigt, dass die zusätzliche Rolle der Freiwilligentätigkeit Vereinbarkeitsprobleme in der Tat eher zu reduzieren als zu verstärken scheint (Brauchli und Wehner 2015). Betrachtet man das Gesamtbild, so ergibt sich eine u-förmige Beziehung zwischen der Vereinbarkeit von Arbeit und Privatleben und der Häufigkeit, mit der die FWA ausgeführt wird: Am günstigsten wird FWA in einem mittleren Umfang von 1–3 Mal im Monat empfunden.

Anhand eines Onlinefragebogens wurden Erwerbstätige in der Schweiz befragt und Auskunft zu ihrer Vereinbarkeit zwischen Arbeit und Privatsphäre, Belastungen und Ressourcen ihrer EWA und der Gesundheitszustand eingeholt (Ramos und Wehner 2015). Das Ausmaß der FWA korrelierte positiv mit selbstberichteter Gesundheit, psychischem Wohlbefinden, Arbeitsengagement und negativ mit Stress und Burnout. Interessant ist: Freiwillige schätzen ihre Work-Life-Balance als besser ein als Nichtfreiwillige, was sich wiederum in besserer Gesundheit widerspiegelt.

In einer umfangreichen Fragebogenstudie mit vier Schweizer Unternehmen (knapp 2000 Befragte alle Hierarchiestufen) wurde der Zusammenhang von Zufriedenheit am Arbeitsplatz und Freiwilligenarbeit erfasst (Brauchli et al. 2017). Es zeigte sich ein positiver Zusammenhang zwischen Arbeitsengagement und FWA. Burnout-Symptome hingegen führen zu einem Konflikt von Arbeit und Privatem und mindern das Engagement für Freiwilligenarbeit.

Die Freiwilligenforschung hat mehr zu bieten, als die Praxis wahrnimmt: Ein Fazit zur Flüchtlingshilfe

Ein Ineinandergreifen von Forschung und Praxis hätte helfen können, während der Flüchtlingskrise ab Herbst 2015, einiges an Frustration zu vermeiden; sowohl für die NPO und deren professionell sowie ehrenamtlich Tätige, als auch für Geflüchtete. Was ließ sich beobachten? Obwohl die Beteiligungsquoten für die FWA eher rückläufig sind oder stagnieren, ist die Hilfsbereitschaft hoch, wenn es sich um Sportevents, Kirchentage, einen Papstbesuch oder um Umweltkatastrophen handelt. So war es auch bei der Flüchtlingskrise Ende 2015, nur mit dem Unterschied, dass sie länger anhält, als die vorgenannten Begebenheiten und es zur Bewältigung der Aufgaben mehr brauchte und braucht als spontanes Hilfeverhalten.

Aus Sicht der Freiwilligenforschung wurden in der Flüchtlingskrise zweierlei deutlich:

1. Freiwilligenarbeit ist stärker vom gesellschaftlichen Kontext abhängig, als dies bis dahin beobachtbar war. Manche, vor allem früher nicht engagierte Bürger gerieten in Konflikte mit sich selbst (Wie stehe ich, meine Familie und andere zur Flüchtlingspolitik?) und in Spannung zu den anderen Akteuren (Schaffen wir das wirklich? Das muss man anders organisieren! Wo bleibt die Dankbarkeit der Geflüchteten?).
2. Gerechtigkeitsvorstellungen spielen eine maßgebliche Rolle. Zu berücksichtigen sind nicht nur Hilfeempfänger (Geflüchtete) und diejenigen, die freiwillige Arbeit leisten, sondern auch die Nichtengagierten. Die Gerechtigkeitsvorstellungen zwischen Nichtengagierten und Engagierten unterscheiden sich deutlich. *„Gerechtigkeitswahrnehmungen sind daher im Kontext der Flüchtlingshilfe ernst zu nehmen, um Konflikte zu entschärfen"* (Strubel und Kals 2018, S. 40).

Praxis braucht Forschung, Forschung braucht Praxis, so das Fazit unseres wissenschaftlichen Arbeitens.

© Springer Fachmedien Wiesbaden GmbH, ein Teil von Springer Nature 2018
T. Wehner et al., *Freiwilligenarbeit,* essentials,
https://doi.org/10.1007/978-3-658-22174-4_7

Was Sie aus diesem *essential* mitnehmen können

- Die Frage der Organisation von Freiwilligenarbeit und des nötigen Verständnisses für diese Art von Arbeit ist hochaktuell, insbesondere in der aktuellen Diskussion um Flüchtlingshilfe.
- Freiwillige Arbeit darf nicht als günstiger Arbeitsersatz verstanden werden. Freiwilligenarbeit unterscheidet sich von professionalisierter Erwerbsarbeit in Motivation und Organisierbarkeit.
- Eine wichtige Rolle für freiwillige Arbeit spielen Gerechtigkeitsmaßstäbe von Freiwilligen.

© Springer Fachmedien Wiesbaden GmbH, ein Teil von Springer Nature 2018   47
T. Wehner et al., *Freiwilligenarbeit,* essentials,
https://doi.org/10.1007/978-3-658-22174-4

Literatur

Antonovsky, A. (1987). *Unraveling the mystery of health: How people manage stress and stay well*. London: Jossey-Bass.

Arendt, H. (1967/2005). *Vita activa oder Vom tätigen Leben* (3. Aufl.). München: Piper.

Badura, B., Ducki, A., Schröder, H., Klose, J., & Meyer, M. (Hrsg.) (in Vorbereitung). *Fehlzeiten-Report 2018. Schwerpunkt: Der Sinn von Arbeit*. Berlin: Springer.

Blau, P. M. (1960). A theory of social integration. *American Journal of Social Psychology, 65*, 545–556.

Bonß, W. (2002). Zwischen Erwerbsarbeit und Eigenarbeit. *Arbeit, 11*(14), 5–20.

Brauchli, R., Hämmig, O., Güntert, S., Bauer, G. F., & Wehner, T. (2012). Vereinbarkeit von Erwerbsarbeit und Privatleben: Freiwilligentätigkeit als psychosoziale Ressource. *Zeitschrift für Arbeits- und Organisationspsychologie, 56*(1), 24–36.

Brauchli, R., & Wehner, T. (2015). Verbessert Freiwilligenarbeit die »Work-Life-Balance«? In T. Wehner & S. T. Güntert (Hrsg.), *Psychologie der Freiwilligenarbeit* (S. 169–180). Heidelberg: Springer.

Brauchli, R., Peeters, M. C., Steenbergen, E. F., Wehner, T., & Hämmig, O. (2017). The work-home interface: Linking work-related wellbeing and volunteer work. *Journal of Community & Applied Social Psychology, 27*(1), 50–64.

Brehm, W, Pahmeier, I., Tiemann, M., Ungerer-Röhrich, U., Wagner, P., & Bös, K. (2002). *Psychosoziale Ressourcen: Stärkung von psychosozialen Ressourcen im Gesundheitssport*. Frankfurt a. M.: Deutscher Turner-Bund e. V.

Bruggemann, A. (1974). Zur Unterscheidung verschiedener Formen von „Arbeitszufriedenheit". *Arbeit und Leistung, 28,* 281–284.

Clary, E. G., Snyder, M., Ridge, R. D., Copeland, J., Stukas, A. A., Haugen, J., et al. (1998). Understanding and assessing the motivations of volunteers. *Journal of Personality and Social Psychology, 74,* 1516–1530.

Deci, E. L., & Ryan, R. M. (2000). The „what" and „why" of goal pursuits: Human needs and the self-determination of behavior. *Psychological Inquiry, 11,* 227–268.

Deutscher Bundestag. (2002). *Bürgerschaftliches Engagement: auf dem Weg in eine zukunftsfähige Bürgergesellschaft, Bericht*. Opladen: Leske+Budrich.

Eurofound. (2012). *Third European quality of life survey – Quality of life in Europe: Impacts of the crisis*. Luxemburg: Publications Office of the European Union.

Frei, F., Duell, W., & Baitsch, C. (1984). *Arbeit und Kompetenzentwicklung*. Bern: Huber.

© Springer Fachmedien Wiesbaden GmbH, ein Teil von Springer Nature 2018   49
T. Wehner et al., *Freiwilligenarbeit,* essentials,
https://doi.org/10.1007/978-3-658-22174-4

Freitag, M., Anita Manatschal, A., Ackermann, K., & Maya Ackermann, M. (2016). *Freiwilligen-Monitor Schweiz 2016*. Zürich: Seismo.

Gagné, M., & Deci, E. L. (2005). Self-determination theory and work motivation. *Journal of Organizational Behavior, 26,* 331–362.

Gaskin, K., Smith, J. D., & Paulwitz, I. (Hrsg.). (1996). *Ein neues bürgerschaftliches Europa: Eine Untersuchung zur Verbreitung und Rolle von Volunteering in zehn Ländern*. Freiburg i. Br: Lambertus.

Graeff, P., & Weiffen, B. (2001). Das gestörte Verhältnis zwischen Haupt- und Ehrenamtlichen – Was ist zu tun? *Theorie und Praxis der sozialen Arbeit, 52,* 368–375.

Grant, A. M. (2007). Relational job design and the motivation to make a prosocial difference. *Academy of Management Review, 32,* 393–417.

Greenhaus, J. H., & Powell, G. N. (2006). When work and family are allies: A theory of work-family enrichment. *Academy of Management Review, 31,* 72–92.

Grote, G., & Staffelbach, B. (Hrsg.). (2012). *Schweizer HR-Barometer 2012: Fehlverhalten und Courage*. Zürich: ETH Zürich und Universität Zürich.

Grube, J. A., & Piliavin, J. A. (2000). Role Identity, organizational experiences, and volunteer performance. *Personality and Social Psychology Bulletin, 26,* 1108–1119.

Grzywacz, J. G., & Marks, N. F. (2000). Reconceptualizing the work-family interface. *Journal of Occupational Health Psychology, 5,* 111–126.

Gubrium, J. (1972). Toward a socio-environmental theory of aging. *The Gerontologist, 12,* 281–284.

Güntert, S. T. (2015). Selbstbestimmung in der Freiwilligenarbeit. In T. Wehner & S. T. Güntert (Hrsg.), *Psychologie der Freiwilligenarbeit* (S. 77–93). Heidelberg: Springer.

Güntert, S. T., & Wehner, T. (2015). The impact of self-determined motivation on volunteer role identities. *Personality and Individual Differences, 78,* 14–18.

Güntert, S. T., Strubel, I. T., Kals, E., & Wehner, T. (2016). The quality of volunteers' motives: Integrating the functional approach and self-determination theory. *The Journal of Social Psychology, 156,* 310–327.

Hackman, J. R., & Oldham, G. R. (1976). Motivation through the design of work: Test of a theory. *Organizational Behavior and Human Performance, 16,* 250–279.

Haivas, S., Hofmans, J., & Pepermans, R. (2012). Self-determination theory as a framework for exploring the impact of the organizational context on volunteer motivation. *Nonprofit and Voluntary Sector Quarterly, 41,* 1195–1214.

Heinze, R. G., & Offe, C. (Hrsg.). (1990). *Formen der Eigenarbeit. Theorie, Empirie, Vorschläge*. Opladen: Westdeutscher Verlag.

Hobfoll, S. E. (2011). Conservation of resource caravans and engaged settings. *Journal of Occupational and Organizational Psychology, 84,* 116–122.

Jiranek, P., Kals, E., Humm, J. S., Strubel, I. T., & Wehner, T. (2013). Volunteering as a means to an equal end? The impact of a social justice function on intention to volunteer. *The Journal of Social Psychology, 153,* 520–541.

Jiranek, P., Wehner, T., & Kals, E. (2015). Soziale Gerechtigkeit – ein eigenständiges Motiv für Freiwilligenarbeit. In T. Wehner & S. T. Güntert (Hrsg.), *Psychologie der Freiwilligenarbeit* (S. 95–108). Heidelberg: Springer.

Ketterer, H. (2011). *Work-life balance among young adults in full-time employment and engaged in formal volunteering in Cambridgeshire*. Masterarbeit angenommen an der Universität Cambridge.

Ketterer, H., Güntert, S. T., Oostlander, J., & Wehner, T. (2015). Das „Schweizer Milizsystem". In T. Wehner & S. T. Güntert (Hrsg.), *Psychologie der Freiwilligenarbeit* (S. 221–246). Heidelberg: Springer.

Lazarus, R. L., & Folkman, S. (1984). *Stress, appraisal, and coping.* Heidelberg: Springer.

Leontjew, A. N. (1981). Psychologie des Abbilds. *Forum Kritische Psychologie, 9,* 5–19.

Leontjew, A. N. (1982). *Tätigkeit, Bewusstsein, Persönlichkeit* (2. Aufl.). Berlin: Volk und Wissen.

Millette, V., & Gagné, M. (2008). Designing volunteers' tasks to maximize motivation, satisfaction and performance. *Motivation and Emotion, 32,* 11–22.

Mojza, E. J., & Sonnentag, S. (2010). Does volunteer work during leisure time buffer negative effects of job stressors? *European Journal of Work and Organizational Psychology, 19*(2), 231–252.

Müller, A. (2015). *Bürgerstaat und Staatsbürger: Milizpolitik zwischen Mythos und Moderne.* Zürich NZZ-Verlag.

Neufeind, M. (2013). *Volunteering: Exploring activities at the interface of work, leisure, and civic engagement.* Dissertation an der ETH Zürich.

Neufeind, M., & Wehner, T. (2014). *Beneficial effects of volunteering on employees' wellbeing depend on volunteer work design.* Manuscript submitted for publication.

Neufeind, M., Güntert, S. T., & Wehner, T. (2013). The impact of job design on event volunteers' future engagement. *European Sport Management Quarterly, 13,* 537–556.

Oostlander, J., Güntert, S. T., van Schie, S., & Wehner, T. (2014a). Leadership and volunteer motivation: A study using self-determination theory. *Nonprofit and Voluntary Sector Quarterly, 43,* 869–889.

Oostlander, J., Güntert, S. T., van Schie, S., & Wehner, T. (2014b). Volunteer Functions Inventory (VFI). Psychometrische Eigenschaften und Konstruktvalidität der deutschen Adaptation. *Diagnostica, 60,* 73–85.

Oostlander, J., Güntert, S. T., & Wehner, T. (2015). Motive für Freiwilligenarbeit – der funktionale Ansatz am Beispiel eines generationenübergreifenden Projekts. In T. Wehner & S. T. Güntert (Hrsg.), *Psychologie der Freiwilligenarbeit* (S. 59–76). Heidelberg: Springer.

Penner, L. A. (2002). Dispositional and organizational influences on sustained volunteerism: An interactionist perspective. *Journal of Social Issues, 58,* 447–467.

Ramos, R., & Wehner, T. (2015). Hält Freiwilligenarbeit gesund? Erklärungsansätze und kontextuelle Faktoren. In T. Wehner & S. T. Güntert (Hrsg.), *Psychologie der Freiwilligenarbeit* (S. 109–127). Heidelberg: Springer.

Rodell, J. B. (2013). Finding meaning through volunteering: Why do employees volunteer and what does it mean for their jobs? *Academy of Management Journal, 56*(5), 1274–1294.

Rosenbladt, B. von. (Hrsg.). (2000). *Freiwilliges Engagement in Deutschland.* Stuttgart: Kohlhammer.

Rosenkranz, D., & Weber, A. (Hrsg.). (2012). *Freiwilligenarbeit: Einführung in das Management von Ehrenamtlichen in der sozialen Arbeit* (2. Aufl.). Weinheim: Juventa.

Schlesinger, T., Klenk, C., & Nagel, N. (2014). *Freiwillige Mitarbeit im Sportverein.* Zürich: Seismo.

Schweizer Haushalt-Panel. (2009). Schweizer Haushalt-Panel. http://www.swisspanel.ch/spip.php?lang=de. Zugegriffen: 27. Febr. 2018.

Semmer, N., & Udris, I. (2004). Bedeutung und Wirkung der Arbeit. In H. Schuler (Hrsg.), *Lehrbuch Organisationspsychologie* (S. 157–195). Bern: Huber.

Sezgin, H. (2017). *Nichtstun ist keine Lösung. Politische Verantwortung in Zeiten des Umbruchs*. Köln: Dumont.

Simonson, J., Vogel, C., & Tesch-Römer, C. (Hrsg.). (2017). *Freiwilliges Engagement in Deutschland: Der Deutsche Freiwilligensurvey 2014*. Wiesbaden: Springer VS.

Sonnentag, S., & Zijlstra, F. R. H. (2006). Job characteristics and off-job activities as predictors of need for recovery, well-being, and fatigue. *Journal of Applied Psychology, 91*, 330–350.

Stiglitz, J. E., Sen, A., & Fitoussi, J. P. (2009). *Report by the Commission on the Measurement of Economic Performance and Social Progress*. Paris: Commission on the Measurement of Economic Performance and Social Progress.

Strubel, I. T., & Kals, E. (2018). Scope of Justice und freiwillige Engagements in der Flüchtlingshilfe. *Konfliktdynamik, 7*(1), 40–49.

Stukas, A. A., Worth, K. A., Clary, E. G., & Snyder, M. (2009). The matching of motivations to affordances in the volunteer environment. *Nonprofit and Voluntary Sector Quarterly, 38*, 5–28.

Stukas, A. A., Hoye, R., Nicholson, M., Brown, K. M., & Aisbett, L. (2016). Motivations to volunteer and their associations with volunteers' well-being. *Nonprofit and Voluntary Sector Quarterly, 45*, 112–132.

Schie, S. van, Güntert, S. T., & Wehner, T. (2014). How dare to demand this from volunteers! The impact of illegitimate tasks. *Voluntas, 25*, 851–868.

Schie, S. van, Güntert, S. T., Oostlander, J., & Wehner, T. (2015a). How the organizational context impacts volunteers. *Voluntas, 26*, 1570–1590.

Schie, S. van, Güntert, S. T., & Wehner, T. (2015b). Gestaltung von Aufgaben und organisationalen Rahmenbedingungen in der Freiwilligenarbeit. In T. Wehner & S. T. Güntert (Hrsg.), *Psychologie der Freiwilligenarbeit* (S. 131–149). Heidelberg: Springer.

Vogel, C., & Tesch-Römer, C. (2017). Informelle Unterstützung außerhalb des Engagements: Instrumentelle Hlfen, Kinderbetreuungf und freiwillliges Engagement. In J. Simonson, C. Vogel, & C. Tesch-Römer (Hrsg.), *Freiwilliges Engagement in Deutschland: Der Deutsche Freiwilligensurvey 2014* (S. 253–283). Wiesbaden: Springer VS.

Wehner, T., & Güntert, S. T. (Hrsg.). (2015). *Psychologie der Freiwilligenarbeit*. Heidelberg: Springer.

Zoll, R. (2000). *Was ist Solidarität heute?* Frankfurt a. Main: Suhrkamp.

Lesen Sie hier weiter

Psychologie
der Freiwilligen-
arbeit

Motivation, Gestaltung
und Organisation

Springer

Theo Wehner, Stefan T. Güntert *(Hrsg.)*

Psychologie der Freiwilligenarbeit
Motivation, Gestaltung
und Organisation

2015, XVIII, 291 S., 41 Abb.
Hardcover € 44,99
ISBN 978-3-642-55294-6

 Springer

Printed in the United States
By Bookmasters